国防知识产权基础与专利申请

毕明光　何嘉武　纪伯公　刘宏祥　等著

北京理工大学出版社
BEIJING INSTITUTE OF TECHNOLOGY PRESS

内 容 简 介

本书从全局角度出发,系统分析了国防专利的法规制度,介绍了获得国防专利的程序,提出了国防专利的审查步骤和相关要求,讲解了国防专利的保护问题,阐述了如何进行国防专利申请文件的撰写。通过对比分析国防专利与普通专利的区别,梳理了国防专利的知识体系,将国防专利的各类申请文件撰写过程中应该注意的问题进行了全面讲解,并给出了国防专利实务的实例参照,解决了广大国防专利领域从业人员一些模糊不清的概念和参照问题,对国防知识产权领域健康发展能够起到一定的推动作用。

本书可以作为国防专利代理师资格考试的参考资料,也可以作为国防专利代理机构、律师事务所、军工企业知识产权工作人员以及国防专利审查人员工作中的工具书。

版权专有　侵权必究

图书在版编目（CIP）数据

国防知识产权基础与专利申请／毕明光,何嘉武,纪伯公,刘宏祥,等著. —北京：北京理工大学出版社,2020.12

ISBN 978 - 7 - 5682 - 9390 - 7

Ⅰ. ①国… Ⅱ. ①毕… Ⅲ. ①国防工业 - 知识产权 - 研究 - 中国②国防工业 - 专利申请 - 研究 - 中国 Ⅳ. ①D923.404

中国版本图书馆 CIP 数据核字（2020）第 263448 号

出版发行／北京理工大学出版社有限责任公司
社　　址／北京市海淀区中关村南大街5号
邮　　编／100081
电　　话／（010）68914775（总编室）
　　　　　（010）82562903（教材售后服务热线）
　　　　　（010）68948351（其他图书服务热线）
网　　址／http：//www.bitpress.com.cn
经　　销／全国各地新华书店
印　　刷／三河市华骏印务包装有限公司
开　　本／710 毫米×1000 毫米　1/16
印　　张／13.5　　　　　　　　　　　　　　责任编辑／李慧智
字　　数／275 千字　　　　　　　　　　　　文案编辑／李慧智
版　　次／2020 年 12 月第 1 版　2020 年 12 月第 1 次印刷　　责任校对／周瑞红
定　　价／69.00 元　　　　　　　　　　　　责任印制／施胜娟

图书出现印装质量问题,请拨打售后服务热线,本社负责调换

前　言

　　知识产权，也称为知识所属权，指权利人对其智力劳动所创作的成果享有的财产权利，一般只在有限时间内有效。各种智力创造，比如发明、外观设计、文学和艺术作品，以及在商业中使用的标识、名称、图像，都可被认为是某一个人或组织所拥有的知识产权。

　　知识经济时代，知识产权作为一个企业乃至国家提高核心竞争力的战略资源，凸显出前所未有的重要地位。保护知识产权有利于调动人们从事科技研究和文艺创作的积极性和促进对外贸易。只有对权利人的智力成果及其合法权利给予及时全面的保护，才能调动人们的创造主动性，促进社会资源的优化配置。为了加强国防领域的知识产权保护，我国建立了相对完善的国防知识产权制度。国防知识产权是指在国防科研、生产、使用、维修以及军民两用产品研究开发过程中产生的创新成果，以及能够应用于武器装备和国防建设的发明创造。主要包括国防专利权、技术秘密、集成电路布图设计、计算机软件著作权等，本书阐述的对象主要是国防专利权。

　　新中国的知识产权保护制度是从 20 世纪 80 年代初重新建立起来的，根本的动机就来自改革开放的政策的驱使。1982 年，我国颁布了《中华人民共和国商标法》；1984 年，我国颁布了《中华人民共和国专利法》（1992 年 9 月与 2000 年 8 月两次修订）；1986 年，我国颁布了《中华人民共和国民法通则》，其中明文规定了知识产权的保护。20 世纪 90 年代又相继颁布了《中华人民共和国著作权法》《中华人民共和国反不正当竞争法》《中华人民共和国植物新品种保护条例》。2021 年 1 月 1 日起正式实施的《民法典》中也对知识产权的保护做出了权威的规定。国防知识产权也同步产生和发展：1990 年 7 月 30 日，经国务院、中央军委批准，国防科工委颁布实施《国防专利条例》，标志着我国国防专利制度正式确立；2004 年 9 月 17 日，国务院、中央军委颁布实施新的《国防专利条例》。这部法规成为我国国防知识产权领域现阶段重要的专门法规。

　　本书编写的初衷主要是能够使广大国防知识产权领域工作人员掌握知识产权基础知识，并能够拓展应用到国防知识产权领域。本书是以《中华人民共和国专利法》《中华人民共和国专利法实施细则》《专利审查指南》《国防专利条例》为基础，结合国防专利文件撰写及专利申请的知识编写而成，可以作为国防专利代理师资格考试的参考资料。对于不参加考试的人员，本书也有较高的参考价值，适合国防专利代理机构、律师事务所、军工企业知识产权工作人员以及国防专利审查人员作为工具书使用。

目　　录

第一章　国防专利基础知识 ……………………………………（1）
　　第一节　专利法规与基本制度 …………………………………（1）
　　第二节　权利和权利归属 ………………………………………（5）
　　第三节　国防专利代理制度 ……………………………………（10）

第二章　申请获得国防专利的程序 ……………………………（13）
　　第一节　授予国防专利权的客体 ………………………………（13）
　　第二节　国防专利的新颖性 ……………………………………（21）
　　第三节　国防专利的创造性 ……………………………………（28）
　　第四节　国防专利的单一性 ……………………………………（34）

第三章　国防专利申请的审查 …………………………………（40）
　　第一节　申请获得国防专利权的程序 …………………………（40）
　　第二节　申请相关文件的初步审查 ……………………………（44）
　　第三节　特殊专利申请的初步审查 ……………………………（52）
　　第四节　实质审查程序 …………………………………………（57）
　　第五节　国防专利期限、程序的终止及费用 …………………（67）
　　第六节　国防专利申请的撤回、专利权的授予和终止 ………（73）
　　第七节　普通专利的保密申请与国防专利的保密审查 ………（78）
　　第八节　优先审查及密级变更 …………………………………（80）

第四章　国防专利的复审和无效 ………………………………（83）
　　第一节　复审无效总则及复审审理程序 ………………………（83）
　　第二节　无效宣告请求审理程序 ………………………………（89）
　　第三节　复审无效程序中有关口头审理以及证据的规定 ……（97）

第五章　国防专利权的实施与侵权 ……………………………（104）
　　第一节　国防专利权的实施 ……………………………………（104）
　　第二节　专利侵权行为 …………………………………………（109）
　　第三节　专利侵权诉讼程序 ……………………………………（116）
　　第四节　专利纠纷的行政处理及其他纠纷的救济途径 ………（121）

第六章　国防专利实务 (128)
第一节　国防专利申请文件的格式及形式要求 (128)
第二节　说明书的格式及形式要求 (129)
第三节　权利要求的格式及形式要求 (135)
第四节　权利要求的类型与技术方案 (145)

第七章　专利撰写 (153)
第一节　撰写有关的法条解析 (153)
第二节　撰写基础案例分析 (172)
第三节　权利要求的概括 (186)
第四节　并列发明点的撰写 (194)

附录：专利文献与专利分类 (200)

参考文献 (208)

第一章 国防专利基础知识

《国防专利条例》第二条明确指出：国防专利是指涉及国防利益以及对国防建设具有潜在作用需要保密的发明专利。在国防专利各个运行环节中，按照《中华人民共和国保守国家秘密法》和国家有关规定进行保密管理。《中华人民共和国专利法实施细则》第七条规定，专利申请涉及国防利益需要保密的，由国防专利机构受理并进行审查；国务院专利行政部门受理的专利申请涉及国防利益需要保密的，应当及时移交国防专利机构进行审查。国防专利要求全过程保密，目的是要在保密的条件下让尽可能多的人了解国防专利。要了解国防专利需要从专利法规与基本制度、权利和权利归属、专利代理制度开始。

第一节 专利法规与基本制度

《中华人民共和国专利法》《国防专利条例》是国防专利实施的基础，相关制度是国防专利规范性文件落实的有力保证，国防专利的组织机构运行保证了专利的认证、实施、保护等产生和灭亡的过程。

一、专利规范性法律文件

专利领域常见的规范性法律文件有《中华人民共和国专利法》《中华人民共和国专利法实施细则》《专利审查指南》《国防专利条例》以及与专利纠纷有关的司法解释等。

法律规范性文件按照制定机关不同，有不同的法律位阶，具体如下。

（一）法律

按照狭义的理解，法律是由全国人大及其常委会依照立法程序制定并修改的规范性文件。《中华人民共和国专利法》（以下简称《专利法》）由全国人大常委会制定、修改，属于法律。

（二）行政法规

行政法规是由国务院制定并修改的规范性文件。《中华人民共和国专利法实施细则》（以下简称《细则》）《专利代理条例》等法律文件是由国务院制定、修改的，属于行政法规；《国防专利条例》是由国务院和中央军委联合颁布的，也属于行政法规。

（三）地方性法规

地方性法规是由各省、自治区、直辖市以及省、自治区政府所在的市和国务院批准的较大的市的人民代表大会及其常委会制定并修改的规范性文件。比如，《北京市专利保护和促进条例》是由北京市人大常委会制定的，属于地方性法规。

（四）部门规章

部门规章是指由国务院各部、委、总局、局、办、署经国务院批准制定的规范性文件。《专利审查指南》（以下简称《审查指南》）、《专利代理管理办法》等规范性文件由国家知识产权局制定并修改，属于部门规章。

（五）司法解释

司法解释是司法机关对法律法规的具体应用问题所做的说明。专利领域比较重要的司法解释有：《最高人民法院关于对诉前停止侵犯专利权行为使用法律问题的若干规定》（以下简称《诉前停止侵权规定》）、《最高人民法院关于审理专利纠纷案件适用法律问题的若干规定》（以下简称《专利纠纷规定》）、《最高人民法院关于审理侵犯专利纠纷案件应用法律若干问题的解释》（以下简称《专利纠纷解释》）以及《最高人民法院关于审理侵犯专利纠纷案件应用法律若干问题的解释（二）》（以下简称《专利纠纷解释（二）》）。

二、国防专利制度的主要特点

（一）先申请制

1. 先申请制与先发明制

两个以上申请人就同样的发明创造申请专利，如果其申请都符合授予专利权的条件，世界各国主要采取以下两种原则来处理专利权授予的问题：

①先申请原则，即谁先提出申请，谁获得专利权。

②先发明原则，即谁先做出发明，谁获得专利权。

国防专利和其他的中国专利一样采取的是先申请原则。美国等西方国家很长一段时间采取的是先发明原则，但是随着时间的推移和制度的发展，也放弃了先发明原则，改为先申请原则。

2. 先申请制的内容（《专利法》第九条第二款，《细则》第四十一条第一款）

先申请制包括以下两方面的内容：

（1）两个以上申请人先后申请专利

《专利法》第九条第二款规定，两个以上的申请人分别就同样的发明创造申请专利的，专利权授予最先申请的人。

即如果两个以上的申请人就同样的发明创造申请专利，申请日时间有先后的，专利权授予申请日在先的申请人。

（2）两个以上申请人同日申请

《细则》第四十一条第一款规定，两个以上的申请人同日（指申请日；有优先权的，指优先权日）分别就同样的发明创造申请专利的，应当在收到国防专利行政部门的通知后自行协商确定申请人。

即如果两个以上的申请人同一天（包含优先权日为同一天）就同样的发明创造申请专利，应当在收到国防专利局的通知后，自行协商确认申请人。协商不成的，专利申请都予以驳回。

（二）专利类型（《专利法》第二条）

《专利法》所称的发明创造是指发明、实用新型和外观设计，而国防专利目前只有发明一种类型。《专利法》第二条第二款对发明的定义如下：

发明，是指对产品、方法或者其改进所提出的新的技术方案。

（三）国防专利申请的审查制度

国家对于发明专利，采取的审查制度是早期公开、延迟审查的"实质审查制"。发明专利受理后首先经过初步审查，审查合格后自申请日（有优先权的，指优先权日）起满18个月进行首次公开。申请人需在申请日（有优先权的，指优先权日）起3年以内提出实审请求，专利局启动实审程序，经过实质审查合格后，才能对专利予以授权。国防专利由于保密要求，不宜进行公开，只在《国防专利内部通报》上刊登，国防专利的保护期也为18个月。

三、国防专利行政机关与司法机构

（一）国防专利行政部门

1. 国防专利行政部门概况

国防专利的行政部门包括：国务院专利行政部门和中央军委装备发展部国防知识产权局。《专利法》中所称国务院专利行政部门即国家知识产权局，是国务院的直属机构，主管专利、商标工作和统筹协调涉外知识产权事宜。《国防专利条例》第十九条规定，由中国专利局做出授予国防专利权的决定，并委托国防专利局颁发国防专利证书。

2. 国防专利行政部门职权

国务院专利行政部门的职权主要包括：
①负责管理全国的专利工作。
②统一受理和审查专利申请，依法授予专利权。
③负责受理强制许可请求并做出决定。

④应当对管理专利工作的部门处理专利侵权纠纷、查处假冒专利、调解专利纠纷进行业务指导。

国防专利局的职权主要包括：

①负责管理全国的国防专利工作。

②统一受理和审查专利申请，依法代表国务院专利行政部门授予专利证书。

③应当对管理专利工作的部门处理专利侵权纠纷、查处假冒专利、调解专利纠纷进行业务指导。

(二) 国防专利复审委员会

国防专利复审委员会其职权包括：

①复审受理并审查：专利申请人对国防专利行政部门驳回申请的决定不服的，可以向国防专利复审委员会请求复审。

②无效受理并审查：国防专利授权后，任何单位或者个人认为专利权授予不符合有关规定，可以向国防专利复审委员会请求宣告专利无效。

(三) 管理专利工作的部门职权

国防专利管理专利工作由国防专利局本身或依托国家专利管理部门进行相关的管理工作，部门职权包括：

①处理专利侵权纠纷，认定侵权行为成立的，可以责令侵权人立即停止侵权行为。

②应当事人的请求，就侵犯专利权的赔偿数额进行调解。

③查处涉嫌假冒专利行为。

④调解专利申请权和专利权归属纠纷，发明人、设计人资格纠纷，职务发明创造的发明人、设计人的奖励和报酬纠纷，在发明专利申请公布后专利权授予前使用发明而未支付适当费用的纠纷（当事人应当在专利权被授予之后提出）等其他专利纠纷。

以上管理专利工作部门的职权中，管理专利工作的部门只对侵权纠纷、假冒专利有权处理，对其他纠纷的职权均为"调解"。

(四) 司法机构

国防专利遵从国家的司法体系，相关的专利纠纷原则上按照《专利纠纷规定》进行处置。

1. 人民法院的级别

在中国，人民法院分为四级，按级别从低到高为：基层人民法院、中级人民法院、高级人民法院、最高人民法院。

2. 专利纠纷案件的一审法院

普通的民事案件第一审通常由基层法院管辖。与普通民事案件不同，专利纠纷涉及技术、经济、法律等综合问题，因此专利民事纠纷案件级别管辖有特殊性。司法解释中规定，专利纠纷第一审案件，由各省、自治区、直辖市人民政府所在地的中级人民法院和最高人民法院指定的中级人民法院管辖。最高人民法院根据实际情况，可以指定基层人民法院管辖第一审专利纠纷案件。

3. 知识产权法院

2014 年，北京、上海、广州相继设置知识产权法院，管辖所在市辖区内的专利纠纷第一审案件以及其他涉及知识产权的诉讼。

4. 最高人民法院知识产权案件二审

当事人对发明专利、实用新型专利、集成电路布图设计、技术秘密、计算机软件、垄断等专业技术性较强的知识产权民事案件第一审判决、裁定不服，提起上诉的，由最高人民法院审理。

第二节 权利和权利归属

专利权包括发明人、申请人、专利权人的权利以及行使，专利权的主要权利属于专利权人，发明人不等于专利权人。

一、申请专利的权利、专利申请权与专利权

(一) 申请专利的权利

申请专利的权利是指发明创造完成以后、提出专利申请以前，当事人有权决定是否向专利局提出专利申请、如何申请的权利。

(二) 专利申请权

专利申请权是指提出专利申请后、专利授权以前，当事人在专利审查过程中完成专利申请各项程序、处置专利申请的权利。享有专利申请权的人被称为专利申请人。

向国防专利局提交的文件称为"专利申请"或者"专利申请文件"。

(三) 专利权

专利权是获得专利以后，当事人许可他人实施、禁止他人未经许可实施、转让、放弃等的权利。

享有专利权的人被称为专利权人，专利权与权利人的对比见表 1-1。

专利申请被授权后，称为"专利"或者"专利文件"。

表 1-1　权利与权利人对比

项目	做出发明创造以后、向专利局提出申请以前	向专利局提出申请以后、获得授权以前	专利被授权以后
权利	申请专利的权利	专利申请权	专利权
权利人	有权提出专利申请的人	申请人	专利权人
文件	技术文件	专利申请或专利申请文件	专利或专利文件

二、发明人或设计人的概念及权利

（一）发明人或设计人的概念（《细则》第十三条）

《细则》第十三条规定，《专利法》所称发明人或者设计人，是指对发明创造的实质性特点做出创造性贡献的人。在完成发明创造过程中，只负责组织工作的人、为物质技术条件的利用提供方便的人或者从事其他辅助工作的人，不是发明人或者设计人。

注意发明人和设计人的概念中：

①发明人或者设计人只能是自然人，不能是课题组、公司等单位或其他组织。

②判断发明人或者设计人的标准是其是否为发明创造做出了实质性贡献。组织者、出资人、提供场所及设备者、辅助人员，都不是发明人。

③限制行为能力人、无民事行为能力人、剥夺政治权利人、精神病人、服刑犯人等都可以作为发明人。

（二）发明人的权利

①署名权（《专利法》第十七条第一款）：发明人或者设计人有权在专利文件中写明自己是发明人或者设计人。

②公开或不公开姓名的权利（《审查指南》第一部分第一章第4.1.2节）：发明人或设计人有公开或者不公开自己姓名的权利。

③非职务发明创造的发明人有申请专利的权利（《专利法》第七条）：对发明人或者设计人的非职务发明创造专利申请，任何单位或者个人不得压制。

④职务发明创造的发明人有获得奖励、报酬的权利（《专利法》第十六条）：被授予专利权的单位应当对职务发明创造的发明人或者设计人给予奖励；发明创造专利实施后，根据其推广应用的范围和取得的经济效益，对发明人或者设计人给予合理的报酬。

需要注意，发明人没有实施专利的权利；发生侵权行为时，发明人也没有起诉侵权行为人的权利。

三、申请人与专利权人的概念以及权利

(一) 申请人以及专利权人的概念

申请人是向国防知识产权局提出专利申请的人。

专利权人是发明创造被授予专利后，享有专利权的人。在非职务发明创造的情况下，专利权人为自然人；在职务发明创造的情况下，专利权人为单位。专利权除了通过申请的途径获得外，也可以通过转让、继承等形式获得。

(二) 专利申请人与专利权人的权利

1. 申请人的权利

①转让专利申请的权利（《专利法》第十条第一款）：专利申请权可以转让。

②撤回专利申请的权利（《专利法》第三十二条）：申请人可以在被授予专利权之前随时撤回其专利申请。

③发明专利公开后要求实施专利申请的人支付费用的权利（《专利法》第十三条）：发明专利申请公布后，申请人可以要求实施其发明的单位或者个人支付适当的费用。

2. 专利权人的权利

①转让专利的权利（《专利法》第十条第一款）：专利权可以转让。

②放弃专利的权利（《专利法》第四十四条第一款）：专利权人可以以书面声明放弃其专利权。

③许可使用权（《专利法》第十二条）：任何单位或者个人实施他人专利的，应当与专利权人订立实施许可合同，向专利权人支付专利使用费。

④禁止他人未经许可实施专利的权利（《专利法》第十一条）：专利权人有权禁止他人的专利侵权行为。

⑤标注标识权（《专利法》第十七条第二款）：专利权人有权在其专利产品或者该产品的包装上标明专利标识。

⑥质押权（《专利权质押登记办法》）：专利权人可以以其专利权对本人及他人的债务进行担保。

(三) 申请人的资格

申请人可以是单位或者个人。申请人是单位的，单位应当具有独立主体地位，不能是科研处、课题组等。

限制行为能力人、无民事行为能力人、精神病人、监狱服刑犯人、被剥夺政治权利的人都可以作为申请人。专利代理师出于职业纪律要求，不能在任职期间以及脱离代理行业 1 年以内申请专利。

四、共有权利及其行使（《专利法》第十五条）

《专利法》第十五条规定：专利申请权或者专利权的共有人对权利的行使有约定的，从其约定。没有约定的，共有人可以单独实施或者以普通许可方式许可他人实施该专利；许可他人实施该专利的，收取的使用费应当在共有人之间分配。

除前款规定的情形外，行使共有的专利申请权或者专利权应当取得全体共有人的同意。

《专利法》第十五条解决的是共有专利权的专利权人之间或者共有申请权的申请人之间如何行使专利权的问题。对此法条要掌握以下几点：

①约定优先：共有人对专利申请权与专利权的行使（包括权利人自己实施以及许可他人实施）有约定的，约定优先。

②权利共有人自己实施，收益独享：共有人之间没有约定如何行使权利的，共有人可以不经其他专利权人同意单独实施，获取的收益不与其他共有人分享。

③普通许可他人实施，收益共享：共有人之间没有约定如何实施的，共有人可以不经其他专利权人同意，以普通许可的方式（不可以是独占许可和排他许可）许可他人实施的，获得收益应当在共有人之间进行分配。

④处置专利权需全体共有人同意：处置专利权或者专利申请权，例如转让、放弃、独占许可、排他许可、质押、公司入股、赠予等，应当取得全体共有人的同意。

五、职务发明创造与非职务发明创造（《专利法》第六条、《细则》第十二条）

（一）基本概念

《专利法》第六条规定，执行本单位的任务或者主要是利用本单位的物质技术条件所完成的发明创造为职务发明创造。《细则》第十二条对《专利法》第六条做出了更为详细的规定。根据上面两个法条的规定，职务发明创造的四种类型如下：

①在本职工作中做出的发明创造。

②履行本单位交付的本职工作之外的任务所做出的发明创造。

③退休、调离原单位后，或者劳动、人事关系终止后1年内做出的，与其在原单位承担的本职工作或原单位分配的任务有关的发明创造。

④主要是利用本单位的物质技术条件完成的发明创造。

上述前三种情况都属于执行本单位任务。

上述单位包括临时工作单位。

本单位的物质技术条件，是指本单位的资金、设备、零部件、原材料或者不对外公开的技术资料等。

发明人完成职务发明创造后离职的，发明成果仍属于职务发明创造。

(二) 申请专利的权利归属

①职务发明创造申请专利的权利属于单位，专利被批准后，该单位为专利权人。

②非职务发明创造，申请专利的权利属于发明人或者设计人；申请被批准后，该发明人或者设计人为专利权人。

③利用本单位的物质技术条件所完成的发明创造，单位可以与发明人或者设计人就申请专利的权利通过合同进行约定。如有约定的，约定优先。如果没有约定，申请专利的权利属于单位。

六、职务发明创造的奖励与报酬

(一) 发明人与设计人获得奖励和报酬的权利 (《专利法》第十六条)

首先要区分对职位发明创造的发明人或设计的奖励和报酬之间的区别。

①奖励（授权后给予奖励）：被授予专利权的单位应当对职务发明创造的发明人或者设计人给予奖励。

②报酬（实施后给予报酬）：发明创造专利实施后，根据其推广应用的范围和取得的经济效益，对发明人或者设计人给予合理的报酬。

职务发明奖励报酬的规定对任何类型的单位都适用，不限于国企。

(二) 获得奖励和报酬的方式

1. 约定优先（《细则》第七十六条第一款）

被授予专利权的单位可以与发明人、设计人约定，或者在其依法制定的规章制度中规定发明人与设计人获得奖励、报酬的方式和数额。

单位与发明人、设计人有约定的，约定优先。

2. 奖励的法定数额与方式（《细则》第七十七条第一款）

被授予专利权的单位未与发明人或者设计人约定，也未在其依法制定的规章制度中规定职务发明创造的奖励方式和数额的，应当自专利权公告之日（注意并非自收到授权通知书之日）起 3 个月内发给发明人或者设计人奖金。一项发明专利的奖金最低不少于 3000 元。

3. 报酬的法定数额与方式（《细则》第七十八条）

被授予专利权的单位未与发明人或者设计人约定，也未在其依法制定的规章制度中规定支付发明创造的报酬方式和数额的，在专利权有效期限内，实施发明创造专利后，每年应当从实施该项发明的营业利润中提取不低于 2% 或者从实施该项外观设计专利的营业利润中提取不低于 0.2%，作为报酬给予发明人或者设计人，或者参照上述比例，给予发明人或者设计人一次性报酬；被授予专利权的单位许可其他单位或者个人实施其专利的，应当从收取的使用费中提取不低于10%，作为报酬给予发明人或者设计人。

七、合作或委托完成的发明创造（《专利法》第八条）

《专利法》第八条规定：两个以上单位或者个人合作完成的发明创造、一个单位或者个人接受其他单位或者个人委托所完成的发明创造，除另有协议的以外，申请专利的权利属于完成或者共同完成的单位或者个人；申请被批准后，申请的单位或者个人为专利权人。

此部分主要知识点如下：

①约定优先：无论是委托完成的发明创造，还是合作完成的发明创造，都可以约定申请专利的权利的归属，有约定的，从其约定。

②完成者有申请专利的权利：无论合作还是委托完成的发明创造，在没有权利归属约定的情况下，申请专利的权利都属于完成者。

③与职务发明创造结合考察：本部分知识点通常与职务发明创造混淆。应先判断发明创造的完成者是谁，然后判断完成者所完成的发明创造是否属于职务发明创造。如果是职务发明创造，完成者所在的单位有申请专利的权利。

第三节 国防专利代理制度

为了给专利申请人申请专利以及专利权人处理专利事务提供帮助，《专利法》专门设立了专利代理制度，对专利代理机构设立和专利代理人的工作进行了细致的规范。国防专利代理机构也有相关的要求。

一、专利代理

（一）专利代理的概念（《专利代理条例》第二条、第十三条，《专利代理管理办法》第八条）

专利代理，是指专利代理机构接受委托，以委托人的名义在代理权限范围内办理专利申请、宣告专利权无效等专利事务的行为。

需要委托专利代理机构申请国防专利和办理其他国防专利事务的，应当委托国防专利机构指定的专利代理机构办理。专利代理机构及其工作人员对在办理国防专利申请和其他国防专利事务过程中知悉的国家秘密，负有保密义务。

对专利代理的概念需要掌握：

①在代理法律关系中，接受委托的主体是依法成立的专利代理机构，而不是

专利代理师。

②专利代理机构可以接受委托，代理专利申请、宣告专利权无效、转让专利申请权或者专利权以及订立专利实施许可合同等专利事务，也可以应当事人要求提供专利事务方面的咨询。

③任何单位、个人未经许可，不得从事代理专利申请和宣告专利权无效等业务。

（二）非强制代理（《专利代理条例》第三条）

任何单位和个人可以自行申请国防专利和办理其他专利事务，也可以委托专门的国防专利代理机构办理，法律另有规定的除外。

二、专利代理师

成为国防专利代理师除了在国防专利代理机构任职之外还要需要获得《专利代理师资格证》并在代理机构实习满1年。以下主要将国家专利代理师相关规定进行说明。

（一）申请专利代理师资格的条件

1. 积极条件（《专利代理师资格考试办法》第二十一条）

①中国公民。

②具有完全民事行为能力（不包括精神病患者、年龄不满18周岁不属于完全民事行为能力人）。

③取得国家承认的理工科大专以上学历，并获得毕业证书或者学位证书。

2. 消极条件（《专利代理师资格考试办法》第二十一条）

有下列情形之一的，不得报名参加考试：

①因故意犯罪受过刑事处罚，自刑罚执行完毕之日起未满3年（考题中经常出现因犯交通肇事罪受过刑事处罚，交通肇事罪犯罪的主观方面只能是过失）。

②受吊销专利代理师资格证的处罚，自处罚决定之日起未满3年。

（二）申请代理人执业证的条件

专利代理师执业应当符合下列条件：

①具有完全民事行为能力。

②取得专利代理师资格证。

③在专利代理机构实习满1年，但具有律师执业经历或者3年以上专利审查经历的人员除外。

④在专利代理机构担任合伙人、股东，或者与专利代理机构签订劳动合同。

⑤能专职从事专利代理业务。

符合前款所列全部条件之日为执业之日。

(三) 执业备案（《专利代理管理办法》第二十八条）

专利代理师首次执业的，应当自执业之日起 30 日内向专利代理机构所在地的省、自治区、直辖市人民政府管理专利工作的部门进行执业备案。

(四) 专利代理师执业纪律（《专利代理条例》第十六至十八条，《专利代理管理办法》第二十九条）

①专利代理师应当根据专利代理机构的指派承办专利代理业务，不得自行接受委托。

②专利代理师不得同时在两个以上专利代理机构从事专利代理业务。

③专利代理机构和专利代理师对其在执业过程中了解的发明创造的内容，除专利申请已经公布或者公告的以外，负有保守秘密的义务。

④专利代理机构和专利代理师不得以自己的名义申请专利或者请求宣告专利权无效。

⑤专利代理师从专利代理机构离职的，应当妥善办理业务移交手续。

第二章 申请获得国防专利的程序

第一节 授予国防专利权的客体

一件国防专利申请必须属于《专利法》规定的授权客体,才有可能得到专利权。《专利法》第二条规定了发明的定义;《专利法》第五条、第二十五条规定了若干种不能获得专利授权的情况;第二十二条第四款规定获得授权的专利应当具有实用性。国防专利实质审查过程中,在新颖性和创造性审查之前首先判断专利申请是否符合上述规定。另外要注意,《国防专利条例》第三条规定,涉及国防利益或者对国防建设具有潜在作用被确定为绝密级国家秘密的发明不得申请国防专利。

一、发明专利保护的对象

(一) 发明的定义

《专利法》第二条第二款规定,发明是指对产品、方法或者其改进所提出的新的技术方案。

(二) 发明的技术方案

《审查指南》第二部分第一章第2小节对技术方案进行了详细的解释。

1. 技术方案的判断

技术方案是对要解决的技术问题所采取的利用了自然规律的技术手段的集合。技术手段通常是由技术特征来体现的。判断专利申请保护的客体是否为技术方案时,从以下三方面考察:技术手段、技术问题、技术效果。

如果一个方案采用技术手段、解决技术问题、获得符合自然规律的技术效果,则属于《专利法》第二条第二款规定的客体。

2. 不属于技术方案的例子

①气味或者诸如声、光、电、磁、波等信号或者能量不属于《专利法》第二条第二款规定的客体。

但利用其性质解决技术问题的方法或者设备属于技术方案。

②自然界存在的物品，例如具有一定花纹形状的雨花石或者贝壳，不属于发明专利权的保护客体。

二、根据《专利法》第五条不授予专利权的客体

(一)《专利法》第五条不授予专利权的情况

《专利法》第五条规定的不授予专利权的客体：

《专利法》第五条第一款规定，发明创造的公开、使用、制造违反了法律、社会公德或者妨害了公共利益的，不能被授予专利权。

《专利法》第五条第二款规定，对违反法律、行政法规的规定获取或者利用遗传资源，并依赖该遗传资源完成的发明创造不授予专利权。

《专利法》第五条第二款为《专利法》第三次修改新增内容。

(二) 对《专利法》第五条的理解

《审查指南》第二部分第一章第3小节解释了《专利法》第五条规定的5种不授权的客体。《审查指南》知识点归纳如下：

1. 违反法律的发明创造

(1) 对法律的理解

法律，是指由全国人民代表大会或者全国人民代表大会常务委员会依照立法程序制定和颁布的法律。不包括行政法规和规章。

(2) 发明创造的目的违背法律

违反法律的发明创造，不包括仅其实施为法律所禁止的发明创造。即发明创造的目的不违背法律，滥用违反法律，属于可授权范围。

发明创造与法律相违背的，不能被授予专利权。例如，用于赌博的设备、机器或工具，吸毒的器具，伪造国家货币、票据、公文、证件、印章、文物的设备等，都属于违反法律的发明创造，不能被授予专利权。

(3) 滥用违反法律不属于《专利法》第五条规定范围

发明创造并没有违反法律，但是由于其被滥用而违反法律的，则不属此列。例如，用于医疗的各种毒药、麻醉品、镇静剂、兴奋剂和用于娱乐的棋牌等。

(4) 仅实施受法律限制的，不属于《专利法》第五条规定范围

如果仅仅是发明创造的产品的生产、销售或使用受到法律的限制或约束，则该产品本身及其制造方法并不属于违反法律的发明创造。例如，用于国防的各种武器的生产、销售及使用虽然受到法律的限制，但这些武器本身及其制造方法仍然属于可给予专利保护的客体。

2. 违反社会公德的发明创造

《专利法》中所称的社会公德限于中国境内。

发明创造与社会公德相违背的，不能被授予专利权。例如，带有暴力凶杀或者淫秽的图片或者照片的外观设计，非医疗目的的人造性器官或者其替代物，人与动物交配的方法，改变人生殖系遗传同一性的方法或改变了生殖系遗传同一性的人，克隆的人或克隆人的方法，人胚胎的工业或商业目的的应用，可能导致动物痛苦而对人或动物的医疗没有实质性益处的改变动物遗传同一性的方法等。

3. 妨害公共利益的发明创造

（1）妨害公共利益的例子

发明创造以致人伤残或损害财物为手段的，如一种使盗窃者双目失明的防盗装置及方法，不能被授予专利权；

发明创造的实施或使用会严重污染环境、严重浪费能源或资源、破坏生态平衡、危害公众健康的，不能被授予专利权；

专利申请的文字或者图案涉及国家重大政治事件或宗教信仰、伤害人民感情或民族感情或者宣传封建迷信的，不能被授予专利权。

（2）滥用而造成妨害公共利益的不属于第五条范围

如果发明创造因滥用而可能造成妨害公共利益的，或者发明创造在产生积极效果的同时存在某种缺点的，例如对人体有某种副作用的药品，则不能以"妨害公共利益"为理由拒绝授予专利权。

4. 违法获得遗传资源

对违反法律、行政法规的规定获取或者利用遗传资源，并依赖该遗传资源完成的发明创造，不授予专利权。

三、根据《专利法》第二十五条不授予专利权的客体

（一）《专利法》第二十五条的规定

《专利法》第二十五条规定，对下列各项，不授予专利权：

①科学发现。

②智力活动的规则和方法。

③疾病的诊断和治疗方法。

④动物和植物品种。

⑤用原子核变换方法获得的物质。

⑥对平面印刷品的图案、色彩或者二者的结合做出的主要起标识作用的设计。

本部分分析《专利法》第二十五规定的前五种情况，第六种情况属于外观设计的客体问题，暂不涉及。

（二）对《专利法》第二十五条的理解

《审查指南》第二部分第一章第4小节详细解释了对《专利法》第二十五条

的理解，归纳要点如下：

1. 科学发现

科学发现不属于技术方案，因此不能被授予专利权。但是，根据科学发现研发的产品、方法均可获得授权。

例如，发现卤化银在光照下有感光特性，这种发现不能被授予专利权，但是根据这种发现制造出的感光胶片以及此感光胶片的制造方法则可以被授予专利权。

又如，从自然界找到一种以前未知的以天然形态存在的物质，仅仅是一种发现，不能被授予专利权。但是，对于首次从自然界分离或提取出来的物质（如在产业上有利用价值），该物质本身以及取得该物质的方法可授予专利权。

2. 智力活动的规则和方法

智力活动，是指人的思维运动，由于其没有采用技术手段或者利用自然规律，也未解决技术问题和产生技术效果，因而不构成技术方案，不能被授予专利权。

智力活动规则举例：组织、生产、商业实施和经济等方面的管理方法及制度；交通行车规则、时间调度表、比赛规则；演绎、推理和运筹的方法；图书分类规则、字典的编排方法、情报检索的方法、专利分类法；日历的编排规则和方法；各种游戏、娱乐的规则和方法；仪器和设备的操作说明；各种语言的语法、汉字编码方法；计算机的语言及计算规则；速算法或口诀；教学、授课、训练和驯兽的方法；统计、会计和记账的方法；乐谱、食谱、棋谱；计算机程序本身。

3. 疾病的诊断和治疗方法

疾病的诊断和治疗方法本身不能被授予专利权，但是用于实施疾病诊断和治疗方法的仪器或装置，以及在疾病诊断和治疗方法中使用的物质或材料属于可被授予专利权的客体。

（1）疾病的诊断方法

①疾病的诊断方法的判断。

一项与疾病诊断有关的方法如果同时满足以下两个条件，则属于疾病的诊断方法：第一，以有生命的人体或动物体为对象；第二，以获得疾病诊断结果或健康状况为直接目的。

如果一项发明从表述形式上看是以离体样品为对象的，但该发明是以获得同一主体疾病诊断结果或健康状况为直接目的，则该发明仍然不能被授予专利权。

②属于疾病诊断方法的例子。

血压测量法、诊脉法、足诊法、X线诊断法、超声诊断法、胃肠造影诊断法、内窥镜诊断法、同位素示踪影像诊断法、红外光无损诊断法、患病风险度评估方法、疾病治疗效果预测方法、基因筛查诊断法。

③不属于诊断方法的例子。

在已经死亡的人体或动物体上实施的病理解剖方法；

直接目的不是获得诊断结果或健康状况，而只是从活的人体或动物体获取作为中间结果的信息的方法，或处理该信息（形体参数、生理参数或其他参数）的方法；

直接目的不是获得诊断结果或健康状况，而只是对已经脱离人体或动物体的组织、体液或排泄物进行处理或检测以获取作为中间结果的信息的方法，或处理该信息的方法。

（2）治疗方法

①属于治疗方法的例子。

外科手术治疗方法、药物治疗方法、心理疗法。

以治疗为目的的针灸、麻醉、推拿、按摩、刮痧、气功、催眠、药浴、空气浴、阳光浴、森林浴和护理方法。

以治疗为目的利用电、磁、声、光、热等种类的辐射刺激或照射人体或者动物体的方法。

为实施外科手术治疗方法和/或药物治疗方法采用的辅助方法，例如返回同一主体的细胞、组织或器官的处理方法、血液透析方法、麻醉深度监控方法、药物内服方法、药物注射方法、药物外敷方法等。

以治疗为目的的整容、肢体拉伸、减肥、增高方法。

处置人体或动物体伤口的方法，例如伤口消毒方法、包扎方法。

需要指出的是，虽然使用药物治疗疾病的方法不能被授予专利权，但药物本身是可以被授予专利权的。

②不属于治疗方法的例子。

制造假肢或者假体的方法，以及为制造该假肢或者假体而实施的测量方法。例如一种制造假牙的方法，该方法包括在病人口腔中制作牙齿模具，而在体外制造假牙。虽然其最终目的是治疗，但是该方法本身的目的是制造出合适的假牙。

通过非外科手术方式处置动物体以改变其生长特性的畜牧业生产方法。例如，通过对活羊施加一定的电磁刺激促进其增长、提高羊肉质量或增加羊毛产量的方法。

动物屠宰方法。

对于已经死亡的人体或动物体采取的处置方法。例如解剖、整理遗容、尸体防腐、制作标本的方法。

单纯的美容方法，即不介入人体或不产生创伤的美容方法，包括在皮肤、毛发、指甲、牙齿外部可为人们所视的部位局部实施的、非治疗目的的身体除臭、保护、装饰或者修饰方法。

为使处于非病态的人或者动物感觉舒适、愉快或者在诸如潜水、防毒等特殊情况下输送氧气、负氧离子、水分的方法。

杀灭人体或者动物体外部（皮肤或毛发上，但不包括伤口和感染部位）的细菌、病毒、虱子、跳蚤的方法。

4. 外科手术方法

外科手术方法不能被授予专利权。但是，对于已经死亡的人体或者动物体实施的剖开、切除、缝合、纹刺等处置方法，只要该方法不违反《专利法》第五条，则属于可被授予专利权的客体。

5. 动物和植物品种

对动物和植物品种《专利法》不予保护。

对动物和植物品种的非生物学的生产方法，可以授予专利权，生物学的方法不能授予专利权。非生物学的生产方法是指人的技术介入对该方法所要达到的目的或者效果起了主要的控制作用或者决定性作用。例如，采用辐照饲养法生产高产牛奶的乳牛的方法，改进饲养方法生产瘦肉型猪的方法等，属于非生物学的生产方法，可被授予发明专利权的客体。

所谓微生物发明是指利用各种细菌、真菌、病毒等微生物生产一种化学物质（如抗生素）或者分解一种物质等的发明。微生物和微生物方法可以获得专利保护。

6. 原子核变换方法和用该方法获得的物质

（1）原子核变换方法

原子核变换方法，例如完成核聚变反应的磁镜阱法、封闭阱法以及实现核裂变的各种方法等，是不能被授予专利权的。但是，为实现原子核变换而增加粒子能量的粒子加速方法（如电子行波加速法、电子驻波加速法、电子对撞法、电子环形加速法等），不属于原子核变换方法，而属于可被授予发明专利权的客体。

为实现核变换方法的各种设备、仪器及其零部件等，均属于可被授予专利权的客体。

（2）用原子核变换方法所获得的物质

用原子核变换方法所获得的物质，主要是指用加速器、反应堆以及其他核反应装置生产、制造的各种放射性同位素，这些同位素不能被授予发明专利权。

但是这些同位素的用途以及使用的仪器、设备属于可被授予专利权的客体。

四、涉及计算机程序的发明专利

《审查指南》第二部分第九章规定了计算机程序可授权的问题。有些涉及计算机程序的发明创造可能因为属于智力活动规则而不能被授权，有些可能因为不属于技术方案而不能被授权。

（一）涉及计算机程序的发明是否属于智力活动规则的判断

1. 判断原则

如果一项权利要求除其主题名称之外，对其进行限定的全部内容仅仅涉及一种算法或者数学计算规则，或者程序本身，或者游戏的规则和方法等，则该权利要求实质上仅仅涉及智力活动的规则和方法，不属于专利保护的客体。

2. 属于智力活动规则的例子

①利用计算机程序求解圆周率的方法，是单纯数学运算方法或者规则，属于智力活动的规则和方法。

②全球语言文字通用转换方法，只涉及对语言规律的划分，不涉及机器翻译方法的改进，属于智力活动的规则和方法。

（二）涉及计算机程序的发明是否属于技术方案的判断原则

1. 判断原则

如果涉及计算机程序的发明专利申请的解决方案执行计算机程序的目的是解决技术问题，在计算机上运行计算机程序反映的是遵循自然规律的技术手段，并且由此获得符合自然规律的技术效果，则这种解决方案属于《专利法》第二条第二款所说的技术方案，属于专利保护的客体。

2. 不构成技术方案的例子

①计算机游戏方法。该解决方案是利用公知计算机执行问答游戏过程控制的程序，从而形成将问答类游戏及成长类游戏结合在一起的计算机游戏方法。该方法不属于《专利法》第二条第二款规定的技术方案，不属于专利保护的客体。

②以自定学习内容的方式学习外语的系统。该解决方案是利用一组计算机程序功能模块构成学习系统，这些功能模块能够接收用户确定并传送的语言文件，将其中的句子和用户重组的句子进行比较，并将比较结果输出给用户。该系统不属于《专利法》第二条第二款规定的技术方案，不属于专利保护的客体。

3. 属于专利保护客体的例子

①一种控制橡胶模压成型工艺的方法：执行计算机程序完成橡胶模压成型处理，技术手段遵循自然规律，获得技术效果，属于专利权保护的客体。

②扩充移动计算设备储存容量的方法：利用虚拟设备文件系统模块在本地计算机上建立虚拟存储空间，技术手段遵循自然规律，获得技术效果，属于专利权保护的客体。

（三）商业方法

涉及商业模式的权利要求，如果既包含商业规则和方法的内容，又包含技术特征，则不应当依据《专利法》第二十五条排除其获得专利权的可能性。

五、实用性

（一）实用性的概念

1. 法律规定

《专利法》第二十二条第四款规定，实用性是指发明申请的主题必须能够在产业上制造或者使用，并且能够产生积极效果。

2. 理解适用

①实用性概念中，在产业上能够制造或者使用的技术方案，是指符合自然规律、具有技术特征的任何可实施的技术方案。这些方案并不一定意味着使用机器设备，或者制造一种物品，还可以包括例如驱雾的方法，或者将能量由一种形式转换成另一种形式的方法。

②能够产生积极效果，是指发明专利申请在提出申请之日，其产生的经济、技术和社会的效果是所属技术领域的技术人员可以预料到的。这些效果应当是积极的和有益的。

(二) 判断原则

①以申请日提交的说明书（包括附图）和权利要求书所公开的整体技术内容为依据，而不仅仅局限于权利要求所记载的内容。

②实用性与所申请的发明是怎样创造出来的或者是否已经实施无关。

(三) 判断基准

《专利法》第二十二条第四款所说的"能够制造或者使用"，是指发明的技术方案具有在产业中被制造或使用的可能性。满足实用性要求的技术方案不能违背自然规律并且应当具有再现性。因不能制造或者使用而不具备实用性是由技术方案本身固有的缺陷引起的，与说明书公开的程度无关。

(四) 不具备实用性的例子

1. 无再现性

再现性，是指所属技术领域的技术人员根据公开的技术内容，能够重复实施专利申请中为解决技术问题所采用的技术方案。这种重复实施不得依赖任何随机的因素，并且实施结果应该是相同的。

申请发明的产品的成品率低与不具有再现性是有本质区别的。前者能够重复实施，只是由于实施过程中未能确保某些技术条件（例如环境洁净度、温度等）而导致成品率低；后者则是在确保发明申请所需全部技术条件下，所属技术领域的技术人员仍不可能重复实现该技术方案所要求达到的结果。

2. 违背自然规律

违背自然规律的发明专利申请不具备实用性。

违背能量守恒定律的发明专利申请的客体，例如永动机，必然是不具备实用性的。

3. 利用独一无二的自然条件的产品

利用特定的自然条件建造的自始至终都是不可移动的唯一产品不具备实用性，但是其构件本身具备实用性。

4. 人体或者动物体的非治疗目的的外科手术方法

外科手术方法包括治疗目的和非治疗目的的手术方法。以治疗为目的的外科手术方法属于根据《专利法》第二十五条不授予专利权的客体；非治疗目的的外科手术方法，由于是以有生命的人或者动物为实施对象，无法在产业上使用，因此不具备实用性。例如，为美容而实施的外科手术方法，或者采用外科手术从活牛身体上摘取牛黄的方法，以及为辅助诊断而采用的外科手术方法，例如实施冠状动脉造影之前采用的外科手术方法等。

5. 测量人体或者动物体在极限情况下的生理参数的方法

以下测量方法属于不具备实用性的情况：

①通过逐渐降低人或动物的体温，以测量人或动物对寒冷耐受程度的测量方法。

②利用降低吸入气体中氧气分压的方法逐级增加冠状动脉的负荷，并通过动脉血压的动态变化观察冠状动脉的代偿反应，以测量冠状动脉代谢机能的非侵入性的检查方法。

6. 无积极效果

具备实用性的发明专利申请的技术方案应当能够产生预期的积极效果。明显无益、脱离社会需要的发明专利申请的技术方案不具备实用性。

第二节　国防专利的新颖性

本节涵盖《审查指南》第二部分第三章的规定。申请专利的发明具备新颖性是授予其专利权的必要条件之一，不丧失新颖性的宽限期、同样的发明创造是与新颖性相关的概念，一并在本节讨论。

一、新颖性

(一) 新颖性的基本概念

1. 新颖性的概念

《专利法》第二十二条第二款规定，新颖性是指该发明不属于现有技术，也没有任何单位或者个人就同样的发明在申请日以前向专利局提出过申请，并记载在申请日以后（含申请日）公布的专利申请文件或者公告的专利文件中。

《国防专利条例》第十二条规定，新颖性是指在申请日之前没有同样的发明在国外出版物上公开发表、在国内出版物上发表、在国内使用过或者以其他方式为公众所知，也没有同样的发明由他人提出过申请并在申请日以后获得国防专利权。

即有两种情况影响申请的新颖性：现有技术和抵触申请。下文详细介绍现有技术和抵触的相关规定。

2. 对比文件

（1）对比文件的概念

对比文件是为判断发明是否具备新颖性或创造性等所引用的相关文件，包括专利文件和非专利文件。

对比文件可以是一份，也可以是数份；所引用的内容可以是每份对比文件的全部内容，也可以是其中的部分内容。

（2）对比文件的引用内容

引用对比文件判断发明的新颖性和创造性等时，应当以对比文件公开的技术内容为准。该技术内容不仅包括明确记载在对比文件中的内容，而且包括对于所属技术领域的技术人员来说，隐含的且可直接地、毫无疑义地确定的技术内容。但是，不得随意将对比文件的内容扩大或缩小。另外，对比文件中包括附图的，也可以引用附图。只有能够从附图中直接地、毫无疑义地确定的技术特征才属于公开的内容，由附图中推测的内容，或者无文字说明，仅仅是从附图中测量得出的尺寸及其关系，不应当作为已公开的内容。

（二）现有技术

1. 现有技术概念

现有技术，是指申请日以前在国内外为公众所知的技术。现有技术包括在申请日（有优先权的，指优先权日）以前在国内外出版物上公开发表、在国内外公开使用或者以其他方式为公众所知的技术。

总之，现有技术应当在申请日以前处于能够为公众获得的状态，并包含有能够使公众从中得知实质性技术知识的内容。

2. 现有技术与保密状态下的技术

处于保密状态的技术内容不属于现有技术。所谓保密状态，不仅包括受保密规定或协议约束的情形，还包括社会观念或者商业习惯上被认为应当承担保密义务的情形，即默契保密的情形。

然而，如果负有保密义务的人违反规定、协议或默契泄露秘密，导致技术内容公开，使公众能够得知这些技术，这些技术也就构成了现有技术的一部分。

3. 现有技术的时间界限

现有技术的时间界限是申请日，享有优先权的，则指优先权日。申请日（优先权日）以前公开的技术内容都属于现有技术，但申请日（优先权日）当天公开的技术内容不属于现有技术。

4. 公开方式

现有技术公开方式包括出版物公开、使用公开和以其他方式公开三种，均无地域限制。

（1）出版物公开

《专利法》意义上的出版物是指记载有技术或设计内容的独立存在的传播载体，并且应当表明或者有其他证据证明其公开发表或出版的时间。

符合上述含义的出版物可以是各种印刷的、打字的纸件，例如专利文献、科技杂志、科技书籍、学术论文、专业文献、教科书、技术手册、正式公布的会议记录或者技术报告、报纸、产品样本、产品目录、广告宣传册等；也可以是用电、光、磁、照相等方法制成的视听资料，例如缩微胶片、影片、照相底片、录像带、磁带、唱片、光盘等；还可以是以其他形式存在的资料，例如存在于互联网或其他在线数据库中的资料等。

出版物不受地理位置、语言或者获得方式的限制，也不受年代的限制。出版物的出版发行量多少、是否有人阅读过、申请人是否知道是无关紧要的。

印有"内部资料""内部发行"等字样的出版物，确系在特定范围内发行并要求保密的，不属于公开出版物。

出版物的印刷日视为公开日，有其他证据证明其公开日的除外。印刷日只写明年、月或者年份的，以所写月份的最后一日或者所写年份的12月31日为公开日。

（2）使用公开

由于使用而导致技术方案的公开，或者导致技术方案处于公众可以得知的状态，这种公开方式称为使用公开。

使用公开的方式包括能够使公众得知其技术内容的制造、使用、销售、进口、交换、馈赠、演示、展出等方式。只要通过上述方式使有关技术内容处于公众想得知就能够得知的状态，就构成使用公开，而不取决于是否有公众得知。但是，未给出任何有关技术内容的说明，以至所属技术领域的技术人员无法得知其结构和功能或材料成分的产品展示，不属于使用公开。

如果使用公开的是一种产品，即使所使用的产品或者装置需要经过破坏才能够得知其结构和功能，也仍然属于使用公开。此外，使用公开还包括放置在展台上、橱窗内公众可以阅读的信息资料及直观资料，例如招贴画、图纸、照片、样本、样品等。

使用公开是以公众能够得知该产品或者方法之日为公开日。

（3）以其他方式公开

为公众所知的其他方式，主要是指口头公开等。例如，口头交谈、报告、讨论会发言、广播、电视、电影等能够使公众得知技术内容的方式。口头交谈、报告、讨论会发言以其发生之日为公开日。公众可接收的广播、电视或电影的报道，以其播放日为公开日。

（三）抵触申请

1. 定义

在发明新颖性的判断中，由任何单位或者个人就同样的发明在申请日（有优先权的，指优先权日）以前向专利局提出并且在申请日以后（含申请日）（有优先权的，指优先权日）公布的专利申请文件或者公告的专利文件损害该专利申请的新颖性。为描述简便，在判断新颖性时，将这种损害新颖性的专利申请，称为抵触申请。

抵触申请仅指在申请日以前提出的，不包含在申请日提出的同样的发明专利申请。

2. 判断基准

在确定是否存在抵触申请时，不仅要查阅在先专利或专利申请的权利要求书，而且要查阅其说明书（包括附图），应当以其全文内容为准。

（四）新颖性的判断

1. 判断原则

判断新颖性时，应当根据以下原则进行：

（1）同样的发明

发明专利申请与现有技术或者申请日前由任何单位或者个人向专利局提出申请并在申请日后（含申请日）公布或公告的（以下简称申请在先公布或公告在后的）发明的相关内容相比，如果其技术领域、所解决的技术问题、技术方案和预期效果实质上相同，则认为两者为同样的发明。

（2）单独对比

判断新颖性时，应当将发明专利申请的各项权利要求分别与每一项现有技术或申请在先公布或公告在后的发明的相关技术内容单独地进行比较，不得组合进行对比。

2. 常见新颖性判断类型

（1）相同内容的发明

如果要求保护的发明与对比文件所公开的技术内容完全相同，或者仅仅是简单的文字变换，则该发明不具备新颖性。

上述相同的内容包括可以从对比文件中直接地、毫无疑义地确定的技术内容。

例如，一件发明专利申请的权利要求是：

"一种电机转子铁芯，所述铁芯由钕铁硼永磁合金制成，所述钕铁硼永磁合金具有四方晶体结构并且主相是 $Nd_2Fe_{14}B$ 金属间化合物。"

如果对比文件公开了"采用钕铁硼磁体制成的电机转子铁芯"，就能够使上述权利要求丧失新颖性，因为该领域的技术人员熟知所谓的"钕铁硼磁体"即指主相是 Nd2Fe14B 金属间化合物的钕铁硼永磁合金，并且具有四方晶体结构。

（2）具体（下位）概念与一般（上位）概念

如果要求保护的发明与对比文件相比，其区别仅在于前者采用一般（上位）概念，而后者采用具体（下位）概念限定同类性质的技术特征，则具体（下位）概念的公开使采用一般（上位）概念限定的发明丧失新颖性。

例如，一件发明专利申请的权利要求是：

"某部件用金属制成的。"

对比文件公开某产品是"用铜制成的"，就使"某部件用金属制成的"的发明丧失新颖性。但是，该铜制品的公开并不使铜之外的其他具体金属制成的同一产品的发明丧失新颖性。

反之，一般（上位）概念的公开并不影响采用具体（下位）概念限定的发明的新颖性。例如，对比文件公开的某产品是"用金属制成的"，并不能使"用铜制成的"同一产品的发明丧失新颖性。又如，要求保护的发明与对比文件的区别仅在于发明中选用了"氯"来代替对比文件中的"卤素"或者另一种具体的卤素"氟"，则对比文件中"卤素"的公开或者"氟"的公开并不导致用氯对其做限定的发明丧失新颖性。

（3）惯用手段的直接置换

如果要求保护的发明与对比文件的区别仅仅是所属技术领域的惯用手段的直接置换，则该发明不具备新颖性。例如，对比文件公开了采用螺钉固定的装置，而要求保护的发明仅将该装置的螺钉固定方式改换为螺栓固定方式，则该发明不具备新颖性。

（4）数值和数值范围

如果要求保护的发明中存在以数值或者连续变化的数值范围限定的技术特征，例如部件的尺寸、温度、压力以及组合物的组分含量，而其余技术特征与对比文件相同，则其新颖性的判断应当依照以下各项规定：

①小范围破坏大范围的新颖性。

对比文件公开的数值或者数值范围落在上述限定的技术特征的数值范围内，将破坏要求保护的发明的新颖性。

②重叠或者端点破坏范围的新颖性。

对比文件公开的数值范围与上述限定的技术特征的数值范围部分重叠或者有一个共同的端点，将破坏要求保护的发明的新颖性。

③范围的端点破坏离散数值重合部分的新颖性。

对比文件公开的数值范围的两个端点将破坏上述限定的技术特征为离散数值并且具有该两端点中任一个的发明的新颖性，但不破坏上述限定的技术特征为该两端点之间任一数值的发明的新颖性。

④大范围不能破坏小范围的新颖性。

上述限定的技术特征的数值或者数值范围落在对比文件公开的数值范围内，并且与对比文件公开的数值范围没有共同的端点，则对比文件不破坏要求保护的发明的新颖性。

二、不丧失新颖性的宽限期

根据《巴黎公约》的规定，有些情况下，即使相关内容已被公开，也不影响专利的新颖性。《专利法》也有相应的规定。

（一）不丧失新颖性的情况

《专利法》第二十四条规定，申请专利的发明创造在申请日以前6个月内，有下列情形之一的，不丧失新颖性：

①在中国政府主办或者承认的国际展览会上首次展出的。

②在规定的学术会议或者技术会议上首次发表的。

规定的学术会议或者技术会议，是指国务院有关主管部门或者全国性学术团体组织召开的学术会议或者技术会议。

③他人未经申请人同意而泄露其内容的。

《国防专利条例》第十三条规定，申请国防专利的发明在申请日之前6个月内，有下列情形之一的，不丧失新颖性：

①在国务院有关主管部门、中国人民解放军有关主管部门举办的内部展览会上首次展出的；

②国务院有关主管部门、中国人民解放军有关主管部门召开的内部学术会议或者技术会议上首次发表的；

③他人未经国防申请人同意而泄露其内容的。

有上述情形的，申请人应当在申请时声明，并自申请日起两个月内提供有关证明文件。

上述情况不构成影响该申请的现有技术。所说的6个月期限，称为宽限期。

（二）不丧失新颖性的声明手续

①申请专利的发明创造在申请日以前6个月内在中国政府主办或者承认的国际展览会上首次展出过，申请人要求不丧失新颖性宽限期的，应当在提出申请时在请求书中声明，并在自申请日起两个月内提交证明材料。

②申请专利的发明创造在申请日以前6个月内在规定的学术会议或者技术会议上首次发表过，申请人要求不丧失新颖性宽限期的，应当在提出申请时在请求书中声明，并在自申请日起2个月内提交证明材料。

③申请专利的发明创造在申请日以前6个月内他人未经申请人同意而泄露了其内容，若申请人在申请日前已获知，应当在提出专利申请时在请求书中声明，并在自申请日起2个月内提交证明材料。若申请人在申请日以后得知的，应当在

得知情况后两个月内提出要求不丧失新颖性宽限期的声明,并附具证明材料。

(三) 不丧失新颖性宽限期的效力

宽限期和优先权的效力是不同的。宽限期仅仅是把申请人(包括发明人)的某些公开,或者第三人从申请人或发明人那里以合法手段或者不合法手段得来的发明创造的某些公开,认为是不损害该专利申请新颖性和创造性的公开。实际上,发明创造公开以后已经成为现有技术,只是这种公开在一定期限内对申请人的专利申请来说不视为影响其新颖性和创造性的现有技术,并不是把发明创造的公开日看作是专利申请的申请日。所以,从公开之日至提出申请的期间,如果第三人独立地做出了同样的发明创造,而且在申请人提出专利申请以前提出了专利申请,那么根据先申请原则,申请人就不能取得专利权。当然,由于申请人(包括发明人)的公开,使该发明创造成为现有技术,故第三人的申请没有新颖性,也不能取得专利权。

以上三种情况中自任何一种情形发生之日起6个月内,申请人提出申请之前,发明创造再次被公开的,只要该公开不属于上述三种情况,则该申请将由于在后公开而丧失新颖性。再次公开属于上述三种情况的,该申请不会因此而丧失新颖性,但是,宽限期自发明创造的第一次公开之日起计算。

三、对同样的发明创造的处理

《专利法》第九条规定,同样的发明创造只能授予一项专利权。两个以上的申请人分别就同样的发明创造申请专利的,专利权授予最先申请的人。

(一) 判断原则

为了避免重复授权,在判断是否为同样的发明创造时,应当将两件发明专利申请或专利的权利要求书的内容进行比较,而不是将权利要求书与专利申请或专利文件的全部内容进行比较。

判断时,如果一件专利申请或专利的一项权利要求与另一件专利申请或专利的某一项权利要求保护范围相同,应当认为它们是同样的发明创造。

两件专利申请或专利说明书的内容相同,但其权利要求保护范围不同的,应当认为所要求保护的发明创造不同。例如,同一申请人提交的两件专利申请的说明书都记载了一种产品以及制造该产品的方法,其中一件专利申请的权利要求书要求保护的是该产品,另一件专利申请的权利要求书要求保护的是制造该产品的方法,应当认为要求保护的是不同的发明创造。应当注意的是,权利要求保护范围仅部分重叠的,不属于同样的发明创造。例如,权利要求中存在以连续的数值范围限定的技术特征的,其连续的数值范围与另一件发明专利申请或专利权利要求中的数值范围不完全相同的,不属于同样的发明创造。

（二）处理方式

对于不同的申请人同日（指申请日，有优先权的指优先权日）就同样的发明创造分别提出专利申请，并且这两件申请符合授予专利权的其他条件的，通知申请人自行协商确定申请人。协商不成，两件申请均予以驳回。

第三节　国防专利的创造性

本节可以参考《审查指南》第二部分第四章。对创造性的理解和应用是重点，特别是在国防专利的实际撰写和审查中创造性具有重要地位。

一、创造性的概念

《专利法》第二十二条第三款规定，创造性是指与现有技术相比，该发明有突出的实质性特点和显著的进步。

（一）突出的实质性特点

发明有突出的实质性特点，是指对所属技术领域的技术人员来说，发明相对于现有技术是非显而易见的。如果发明是所属技术领域的技术人员在现有技术的基础上仅仅通过合乎逻辑的分析、推理或者有限的实验可以得到的，则该发明是显而易见的，也就不具备突出的实质性特点。

（二）显著的进步

发明有显著的进步，是指发明与现有技术相比能够产生有益的技术效果。例如，发明克服了现有技术中存在的缺点和不足，或者为解决某一技术问题提供了一种不同构思的技术方案，或者代表某种新的技术发展趋势。

（三）所属技术领域的技术人员

发明是否具备创造性，应当基于所属技术领域的技术人员的知识和能力进行评价。所属技术领域的技术人员，也可称为本领域的技术人员，是指一种假设的"人"，假定他知晓申请日或者优先权日之前发明所属技术领域所有的普通技术知识，能够获知该领域中所有的现有技术，并且具有应用该日期之前常规实验手段的能力，但他不具有创造能力。如果所要解决的技术问题能够促使本领域的技术人员在其他技术领域寻找技术手段，他也应具有从该其他技术领域中获知该申请日或优先权日之前的相关现有技术、普通技术知识和常规实验手段的能力。

二、发明创造性的判断原则

对创造性的判断注意以下原则：

①一件发明专利申请是否具备创造性,只有在该发明具备新颖性的条件下才予以考虑。

②在评价发明是否具备创造性时,不仅要考虑发明的技术方案本身,而且还要考虑发明所属技术领域、所解决的技术问题和所产生的技术效果,将发明作为一个整体看待。

③与新颖性"单独对比"的判断原则不同,判断创造性时,将一份或者多份现有技术中的不同的技术内容组合在一起对要求保护的发明进行评价。

④如果一项独立权利要求具备创造性,则该独立权利要求的从属权利要求也具有创造性。

三、发明创造性的判断方法

(一) 突出的实质性特点的判断方法

判断发明是否具有突出的实质性特点,就是要判断对本领域的技术人员来说,要求保护的发明相对于现有技术是否显而易见。

判断要求保护的发明相对于现有技术是否显而易见,通常可按照以下三个步骤进行,如图2-1所示。

1. 确定最接近的现有技术

最接近的现有技术,是指现有技术中与要求保护的发明最密切相关的一个技术方案,它是判断发明是否具有突出的实质性特点的基础。最接近的现有技术,例如可以是与要求保护的发明技术领域相同,所要解决的技术问题、技术效果或者用途最接近和/或公开了发明的技术特征最多的现有技术,或者虽然与要求保护的发明技术领域不同,但能够实现发明的功能,并且公开发明的技术特征最多的现有技术。

在确定最接近的现有技术时,应首先考虑技术领域相同或相近的现有技术。

2. 确定发明的区别特征和发明实际解决的技术问题

在判断中应当客观分析并确定发明实际解决的技术问题。为此,首先应当分析要求保护的发明与最接近的现有技术相比有哪些区别特征,然后根据该区别特征所能达到的技术效果确定发明实际解决的技术问题。

在判断过程中,确定的最接近的现有技术可能不同于申请人在说明书中所描述的现有技术,因此,基于最接近的现有技术重新确定的该发明实际解决的技术问题,可能不同于说明书中所描述的技术问题;在这种情况下,应当根据判断过程中认定的最接近的现有技术重新确定发明实际解决的技术问题。

3. 判断要求保护的发明对本领域的技术人员来说是否显而易见

在判断过程中,要确定的是现有技术整体上是否存在某种技术启示,即现有技术中是否给出将上述区别特征应用到该最接近的现有技术以解决其存在的技术问题（即发明实际解决的技术问题）的启示，这种启示会使本领域的技术人员在面对所述技术问题时，有动机改进该最接近的现有技术并获得要求保护的发明。如果现有技术存在这种技术启示，则发明是显而易见的，不具有突出的实质性特点。

下述情况，通常认为现有技术中存在上述技术启示：

①所述区别特征为公知常识，例如，本领域中解决该重新确定的技术问题的惯用手段，或教科书或者工具书等中披露的解决该重新确定的技术问题的技术手段。

②所述区别特征为与最接近的现有技术相关的技术手段，例如，同一份对比文件其他部分披露的技术手段，该技术手段在该其他部分所起的作用与该区别特征在要求保护的发明中为解决该重新确定的技术问题所起的作用相同。

③所述区别特征为另一份对比文件中披露的相关技术手段，该技术手段在该对比文件中所起的作用与该区别特征在要求保护的发明中为解决该重新确定的技术问题所起的作用相同。

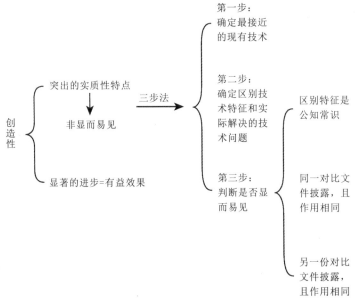

图 2-1　创造性方法总结

（二）显著的进步的判断方法

在评价发明是否具有显著的进步时，主要应当考虑发明是否具有有益的技术效果。以下情况，通常应当认为发明具有有益的技术效果，具有显著的进步：

①发明与现有技术相比具有更好的技术效果，例如，质量改善、产量提高、节约能源、防治环境污染等。

②发明提供了一种技术构思不同的技术方案，其技术效果能够基本上达到现有技术的水平。

③发明代表某种新技术发展趋势。
④尽管发明在某些方面有负面效果,但在其他方面具有明显积极的技术效果。

四、几种不同类型发明的创造性判断方法

(一) 开拓性发明的创造性判断

开拓性发明是指全新的技术方案,未有先例。开拓性发明具备创造性。

(二) 组合发明

组合发明,是指将某些技术方案进行组合,构成一项新的技术方案,以解决现有技术客观存在的技术问题。

1. 显而易见的组合

如果要求保护的发明仅仅是将某些已知产品或方法组合或连接在一起,各自以其常规的方式工作,而且总的技术效果是各组合部分效果之总和,组合后的各技术特征之间在功能上无相互作用关系,仅仅是一种简单的叠加,则这种组合发明不具备创造性。

2. 非显而易见的组合

如果组合的各技术特征在功能上彼此支持,并取得了新的技术效果;或者说组合后的技术效果比每个技术特征效果的总和更优越,则这种组合具有突出的实质性特点和显著的进步,发明具备创造性。其中组合发明的每个单独的技术特征本身是否完全或部分已知并不影响对该发明创造性的评价。

(三) 选择发明

选择发明,是指从现有技术中公开的宽范围中,有目的地选出现有技术中未提到的窄范围或个体的发明。

①如果发明仅是从一些已知的可能性中进行选择,或者发明仅仅是从一些具有相同可能性的技术方案中选出一种,而选出的方案未能取得预料不到的技术效果,则该发明不具备创造性。

②如果发明是在可能的、有限的范围内选择具体的尺寸、温度范围或者其他参数,而这些选择可以由本领域的技术人员通过常规手段得到并且没有产生预料不到的技术效果,则该发明不具备创造性。

③如果发明是可以从现有技术中直接推导出来的选择,则该发明不具备创造性。

④如果选择使得发明取得了预料不到的技术效果,则该发明具有突出的实质性特点和显著的进步,具备创造性。

(四) 转用发明

转用发明,是指将某一技术领域的现有技术转用到其他技术领域中的发明。

①如果转用是在类似的或者相近的技术领域之间进行的,并且未产生预料不到的技术效果,则这种转用发明不具备创造性。

②如果这种转用能够产生预料不到的技术效果,或者克服了原技术领域中未曾遇到的困难,则这种转用发明具有突出的实质性特点和显著的进步,具备创造性。

(五) 已知产品的新用途发明

已知产品的新用途发明,是指将已知产品用于新的目的的发明。

①如果新的用途仅仅是使用了已知材料的已知的性质,则该用途发明不具备创造性。

②如果新的用途是利用了已知产品新发现的性质,并且产生了预料不到的技术效果,则这种用途发明具有突出的实质性特点和显著的进步,具备创造性。

(六) 要素变更的发明

要素变更的发明,包括要素关系改变的发明、要素替代的发明和要素省略的发明。

1. 要素关系改变的发明

要素关系改变的发明,是指发明与现有技术相比,其形状、尺寸、比例、位置及作用关系等发生了变化。

①如果要素关系的改变没有导致发明效果、功能及用途的变化,或者发明效果、功能及用途的变化是可预料到的,则发明不具备创造性。

②如果要素关系的改变导致发明产生了预料不到的技术效果,则发明具有突出的实质性特点和显著的进步,具备创造性。

2. 要素替代的发明

要素替代的发明,是指已知产品或方法的某一要素由其他已知要素替代的发明。

①如果发明是相同功能的已知手段的等效替代,或者是为解决同一技术问题,用已知最新研制出的具有相同功能的材料替代公知产品中的相应材料,或者是用某一公知材料替代公知产品中的某材料,而这种公知材料的类似应用是已知的,且没有产生预料不到的技术效果,则该发明不具备创造性。

②如果要素的替代能使发明产生预料不到的技术效果,则该发明具有突出的实质性特点和显著的进步,具备创造性。

3. 要素省略的发明

要素省略的发明,是指省去已知产品或者方法中的某一项或多项要素的发明。

①如果发明省去一项或多项要素后其功能也相应地消失，则该发明不具备创造性。

②如果发明与现有技术相比，发明省去一项或多项要素（例如，一项产品发明省去了一个或多个零部件或者一项方法发明省去一步或多步工序）后，依然保持原有的全部功能，或者带来预料不到的技术效果，则具有突出的实质性特点和显著的进步，该发明具备创造性。

五、判断发明创造性时需考虑的其他因素

发明是否具备创造性，通常按照三步法判断突出的实质性特点。但是，当申请属于以下情形时，需要特殊考虑。

①发明解决了人们一直渴望解决但始终未能获得成功的技术难题，这种发明具有突出的实质性特点和显著的进步，具备创造性。

②发明克服了技术偏见。技术偏见，是指在某段时间内、某个技术领域中，技术人员对某个技术问题普遍存在的、偏离客观事实的认识，它引导人们不去考虑其他方面的可能性，阻碍人们对该技术领域的研究和开发。如果发明克服了这种技术偏见，采用了人们由于技术偏见而舍弃的技术手段，从而解决了技术问题，则这种发明具有突出的实质性特点和显著的进步，具备创造性。

③发明取得了预料不到的技术效果。发明取得了预料不到的技术效果，是指发明同现有技术相比，其技术效果产生"质"的变化，具有新的性能；或者产生"量"的变化，超出人们预期的想象。这种"质"的或者"量"的变化，对所属技术领域的技术人员来说，事先无法预测或者推理出来。当发明产生了预料不到的技术效果时，该发明具备创造性。

④发明在商业上获得成功。当发明的产品在商业上获得成功时，如果这种成功是由于发明的技术特征直接导致的，则具备创造性。

六、判断创造性时应当注意的问题

在判断发明的创造性时还应当注意以下的问题：

①创立发明的途径。不管发明者在创立发明的过程中是历尽艰辛，还是唾手而得，都不应当影响对该发明创造性的评价。

②避免"事后诸葛亮"。判断发明的创造性时，由于是在了解了发明内容之后才做出判断，因而容易对发明的创造性估计偏低，从而犯"事后诸葛亮"的错误。

③对预料不到的技术效果的考虑。如果发明与现有技术相比具有预料不到的技术效果，则具备创造性。具有意料不到的技术效果是发明具有创造性的充分条

件，不是必要条件。

④发明创造性判断的对象是权利要求限定的技术方案。即使说明书中记载有区别技术特征，如果权利要求中没有记载，评价发明的创造性时也不予考虑。此外，创造性的判断，应当针对权利要求限定的技术方案整体进行评价，即评价技术方案是否具备创造性，而不是评价某一技术特征是否具备创造性。

第四节　国防专利的单一性

本节讲述发明的单一性判断与分案申请。单一性的判断是比较难以把握的问题，需要重点掌握。

一、单一性的基本概念

（一）单一性的概念（《专利法》第三十一条第一款）

单一性，是指一件发明专利申请应当限于一项发明，属于一个总的发明构思的两项以上发明，可以作为一件申请提出。也就是说，如果一件申请包括几项发明，则只有在所有这几项发明之间有一个总的发明构思使之相互关联的情况下才被允许。

（二）特定技术特征（《细则》第三十四条）

可以作为一件专利申请提出的属于一个总的发明构思的两项以上的发明，应当在技术上相互关联，包含一个或者多个相同或者相应的特定技术特征，其中特定技术特征是指每一项发明作为整体，对现有技术做出贡献的技术特征。

特定技术特征是专门为评定专利申请单一性而提出的一个概念，应当把它理解为体现发明对现有技术做出贡献的技术特征，也就是使发明相对于现有技术具有新颖性和创造性的技术特征，并且应当从每一项要求保护的发明的整体上考虑后加以确定。

因此，《专利法》第三十一条第一款所称的"属于一个总的发明构思"是指具有相同或者相应的特定技术特征。

二、单一性的判断（《审查指南》第二部分第六章第2小节）

（一）判断原则

根据《专利法》第三十一条第一款及《细则》第三十四条的规定，判断一件专利申请中要求保护的两项以上发明是否满足发明单一性的要求，就是要看权利要求中记载的技术方案的实质性内容是否属于一个总的发明构思，即判断这些权利要求中是否包含使它们在技术上相互关联的一个或者多个相同或者相应的特定技术特征。这一判断是根据权利要求的内容来进行的，必要时可以参照说明书和附图的内容。

（二）判断对象

1. 原则

一般情况下，只需要考虑独立权利要求之间的单一性，从属权利要求与其所从属的独立权利要求之间不存在缺乏单一性的问题。

2. 判断独立权利要求与从属权利要求之间单一性的情况

在遇到形式上为从属权利要求而实质上是独立权利要求的情况时，应当判断其是否符合单一性规定。

3. 判断从属权利要求之间的单一性的情况

如果一项独立权利要求由于缺乏新颖性、创造性等理由而不能被授予专利权，则需要考虑其从属权利要求之间是否符合单一性的规定。

（三）判断单一性时机

1. 检索前判断

当一件申请中不同的发明明显不具有一个总的发明构思时，则在检索之前即可判断其缺乏单一性。例如，一件申请中包括了除草剂和割草机两项独立权利要求，由于两者之间没有相同或者相应的技术特征，更不可能有相同或者相应的特定技术特征，因而明显不具有单一性，检索前即可得出结论。

2. 检索后判断

由于特定技术特征是体现发明对现有技术做出贡献的技术特征，是相对于现有技术而言的，只有在考虑了现有技术之后才能确定，因此，很多申请的单一性问题常常要在检索之后才能做出判断。

当申请与现有技术比较后，在否定了第一独立权利要求的新颖性或创造性的情形下，与其并列的其余独立权利要求之间是否还属于一个总的发明构思，应当重新确定。

（四）单一性案例

1. 判定思路

根据实例判定单一性按照以下三个步骤进行：
①确定需要判断单一性的权利要求所包含的技术特征。
②确定权利要求之间是否具有相同或者相应的技术特征。
③确定相同或者相应的特征是否为特定技术特征。

如果判断结果为各权利要求之间具有相同或者相应的特定技术特征，则权利要求之间具有单一性，反之则不具有单一性。

2. 四种案例类型

单一性案例通常有以下四种类型，其中第（1）种和第（2）种类型出现频率最高，第（3）种类型出现较少，第（4）种类型了解即可，很少出现。

（1）题目中明确告知某特征为特定技术特征

【例 2.1】

一件发明专利申请的权利要求书包括下列权利要求：

权利要求 1：一种陶瓷材料 M。

权利要求 2：一种权利要求 1 所述陶瓷材料的制备方法，其特征在于 X。

权利要求 3：一种权利要求 1 所述的陶瓷材料作为人造骨骼的用途。

权利要求 4：一种由权利要求 1 所述陶瓷材料制成的人造骨骼，其特征在于 Y。

权利要求 5：一种由权利要求 1 所述陶瓷材料制成的茶杯，其特征在于 Z。

其中 M、X、Y、Z 均为特定技术特征且互不相关，请判断下列说法哪些是正确的。

A. 权利要求 1、2 和 3 具有单一性

B. 权利要求 1、2 和 5 具有单一性

C. 权利要求 2、3 和 4 具有单一性

D. 权利要求 3、4 和 5 具有单一性

[答案] ABCD

[解析] 权利要求 1 包括特征 M；权利要求 2 引用了权利要求 1，包括特征 M、X；权利要求 3 引用了权利要求 1，包括特征 M、人体骨骼应用；权利要求 4 引用了权利要求 1，包括特征 M、Y；权利要求 5 引用了权利要求 1，包括特征 M、茶杯、Z。权利要求 1~5 都具有技术特征 M，根据题干信息，M 是特定技术特征，因此权利要求 1~5 相互之间具有单一性。

（2）题目中未告知某特征为特定技术特征，而是通过新颖性和创造性信息间接判断

【例 2.2】

一件发明专利申请的权利要求书包括下列权利要求：

权利要求 1：一种陶瓷材料 M。

权利要求 2：一种权利要求 1 所述陶瓷材料 M 的制备方法，其特征在于烧结温度为 2 000℃。

权利要求 3：一种权利要求 1 所述的陶瓷材料 M 作为人造骨骼的用途。

权利要求 4：一种由权利要求 1 所述陶瓷材料 M 制成的人造骨骼，其特征在于具有椭球形空心。

权利要求 5：一种由权利要求 1 所述陶瓷材料 M 制成的茶杯，其特征在于具有两个杯把。

下列说法哪些是正确的？

A. 如果权利要求1不具有新颖性和创造性，则权利要求4、5一定不具有单一性
B. 如果权利要求1不具有新颖性和创造性，则权利要求3、4一定不具有单一性
C. 如果权利要求1具有新颖性和创造性，则权利要求2、3一定具有单一性
D. 如果权利要求1具有新颖性和创造性，则权利要求3、4一定具有单一性

[答案] ACD

[解析] A选项，权利要求4、5之间共同的特征是陶瓷材料M，如果权利要求1不具有新颖性和创造性，则意味着M不是特定技术特征，则权利要求4、5之间一定不具有单一性，表述正确。B选项，权利要求3、4之间具有共同的特征：材料M在人造骨骼中的应用，由于题干中没有给出M在人造骨骼中的应用是否为特定技术特征，因此权利要求3、4之间可能具有单一性，也可能不具有单一性，因此B选项的说法是错误的。C、D选项，由于权利要求1具有新颖性和创造性，意味着M是特定技术特征，由于权利要求2、3、4以及权利要求5都是权利要求1的从属权利要求，都具有特定技术特征M，因此，在权利要求1具有新颖性、创造性的前提下，权利要求2~4都具有单一性，C、D选项表述正确。

(3) 结合用途特征对产品权利要求保护范围是否有影响判断特定技术特征

【例2.3】

一件发明专利申请的权利要求书包括下列权利要求：

权利要求1：一种含有防尘物质X的涂料。

权利要求2：制备权利要求1的涂料的方法。

权利要求3：应用权利要求1的涂料喷涂制品的方法。

权利要求4：根据权利要求3的方法喷涂得到的一种制品。

权利要求5：用于权利要求3方法的一种喷涂机，其特征在于有一喷嘴C能使涂料均匀分布在制品上。

与现有技术相比，含有物质X的涂料是新的并具有创造性，喷嘴C也是新的并具有创造性。

请判断以下哪些结论是正确的？

A. 权利要求1~5具有单一性
B. 权利要求1~4具有单一性
C. 权利要求1~3具有单一性
D. 权利要求3~权利要求5具有单一性

[答案] BC

[解析] 权利要求2、3都采用的引用权利要求1的撰写方式，权利要求4采用引用权利要求3的撰写方式，因此权利要求1~3中都含有相同的特定技术特征，即含有防尘物质X的涂料。由于权利要求3的应用喷涂制品方法中使用了含有防尘物质X的涂料，采用该喷涂方法得到的权利要求4所述的制品必然包括了含有防尘

物质 X 的涂料，因此，权利要求 1~4 中都含有相同的特定技术特征，即含有防尘物质 X 的涂料，所以权利要求 1~4 具有单一性，B 选项、C 选项正确。

权利要求 5 采用的是"用于……"的撰写方式，"用于……"能否对权利要求起到限定作用要具体分析。本题中，权利要求 5 的喷涂机所解决的技术问题在于均匀喷涂，权利要求 3 请求保护的方法所解决的技术问题在于防尘，没有对喷涂机的结构产生影响，因此权利要求 5 中没有包含特定技术特征 X，权利要求 1~4 任一项与权利要求 5 之间不具有单一性，A 选项、D 选项错误。

（4）判断化学类独立权利要求的特殊性

【例 2.4】

某发明专利申请权利要求如下：

权利要求 1：一种复合材料，由树脂 a、填料 b、抗氧剂 c、阻燃剂 d 组成。

权利要求 2：权利要求 1 所述的复合材料，其特征在于由树脂 a、填料 b、抗氧剂 c、发泡剂 e 组成。

权利要求 3：权利要求 1 所述的复合材料，其特征在于由树脂 a、填料 b、发泡剂 e、稳定剂 g 组成。

权利要求 4：权利要求 1 所述的复合材料制成的薄膜，其特征在于薄膜为圆形。

权利要求 5：权利要求 1 所述的复合材料制成的薄膜，其特征在于薄膜的厚度为 $0.1~0.5$ mm。

对比文件 1 公开了由树脂 a、填料 b、抗氧剂 c 组成的复合材料，对比文件 2 公开了由树脂 a、填料 b、发泡剂 e 组成的复合材料。权利要求 1 相对于对比文件 1 和 2 具备创造性。下列说法哪些是正确的？

A. 权利要求 1、2 之间具有单一性

B. 权利要求 1、3 之间不具有单一性

C. 权利要求 4、5 之间具有单一性

D. 权利要求 2、3 之间不具有单一性

[答案] BCD

[解析] 权利要求 2、3 虽然引用了权利要求 1，但是并非是对权利要求 1 的进一步限定，而是两项独立权利要求。权利要求 1 和 2 之间共同的技术特征树脂 a、填料 b、抗氧剂 c 都已记载在对比文件 1 中，权利要求 1 和 2 之间不具有相同或者相应的特定技术特征，因此权利要求 1 和 2 之间不具有单一性。同理，权利要求 1 和 3 之间不具有单一性，权利要求 2 和 3 之间不具有单一性。

权利要求 4 和 5 之间的共同技术特征阻燃剂 d 没有记载在对比文件 1 和 2 中，因此阻燃剂 d 是权利要求 1、4、5 的特定技术特征，因此权利要求 4 和 5 之间具有单一性。

三、分案申请

一件申请有下列不符合单一性情况的，审查员应当要求申请人对申请文件进行修改（包括分案处理），使其符合单一性要求。

（一）原权利要求书中包含不符合单一性规定的两项以上发明

原始提交的权利要求书中包含不属于一个总的发明构思的两项以上发明的，应当要求申请人将该权利要求书限制至其中一项发明（一般情况是权利要求1所对应的发明）或者属于一个总的发明构思的两项以上的发明，对于其余的发明，申请人可以提交分案申请。

（二）在修改的申请文件中所增加或替换的独立权利要求与原权利要求书中的发明之间不具有单一性

在审查过程中，申请人在修改权利要求时，将原来仅在说明书中描述的发明作为独立权利要求增加到原权利要求书中，或者在答复审查意见通知书时修改权利要求，将原来仅在说明书中描述的发明作为独立权利要求替换原独立权利要求，而该发明与原权利要求书中的发明之间缺乏单一性。在此情况下，审查员一般应当要求申请人将后增加或替换的发明从权利要求书中删除。申请人可以对该删除的发明提交分案申请。

（三）独立权利要求之一缺乏新颖性或创造性，其余的权利要求之间缺乏单一性

某一独立权利要求（通常是权利要求1）缺乏新颖性或创造性，导致与其并列的其余独立权利要求之间，甚至其从属权利要求之间失去相同或者相应的特定技术特征，即缺乏单一性，因此需要修改，对于因修改而删除的主题，申请人可以提交分案申请。例如，一件包括产品、制造方法及用途的申请，经检索和审查发现，产品是已知的，其余的该产品制造方法独立权利要求与该产品用途独立权利要求之间显然不可能有相同或者相应的特定技术特征，因此它们需要修改。

上述情况的分案，可以是申请人主动要求分案，也可以是申请人按照审查员要求而分案。应当指出，由于提出分案申请是申请人自愿的行为，所以审查员只需要求申请人将不符合单一性要求的两项以上发明改为一项发明，或者改为属于一个总的发明构思的两项以上发明，至于修改后对其余的发明是否提出分案申请，完全由申请人自己决定。

第三章　国防专利申请的审查

第一节　申请获得国防专利权的程序

本节介绍受理程序、发明初步审查程序概述。国防专利从申请到授权大致经历受理、初步审查、实质审查等阶段。

一、专利申请的受理

受理程序是国防知识产权局接收申请人提交的专利申请文件以及其他文件后，审查专利申请是否符合受理条件并进行处理的程序。

（一）受理机构

国防专利的各种申请文件以及其他文件的受理机构包括：

①国防专利审查中心。国防知识产权局委托国防专利审查中心受理和审查国防专利申请及其他有关文件。

②国防专利代办处。国防知识产权局在15个省市地方代办处按规定代受理国防专利申请及其他有关文件。

（二）办理专利申请的形式

《国防专利条例》规定了专利申请手续应当以书面形式（纸件形式）或者电子文件形式办理。

纸质文件：可以面交、机要通信寄交及其他保密方式完成提交。

电子文件：首先要办理电子申请用户注册手续，通过国防专利电子申请系统制作电子申请文件，刻录光盘后面交或机要通信寄交及其他保密方式提交。

（三）申请的文件组成与要求

申请文件组成：摘要、摘要附图（必要时）、权利要求书、说明书、说明书附图（必要时）、国防专利申请书以及国防专利申请密级证明。

其他文件包括：国防专利代理委托书、优先权证明、优先权转让证明、依赖于遗传资源的或者遗传资源来源披露表、涉及生物材料、不丧失新颖性等证明文件。

密级证明的要求：国防专利申请的密级确定工作由申请人负责办理，应提交有定密权限的有关机关、单位出具的密级证明。

①申请人有权定密，由申请人相应的业务主管部门或保密部门出具。

②申请人无权定密且该专利来源于计划项目或者合同项目，计划下达单位或者合同甲方单位具备定密权限，则由计划下达单位或者甲方单位出具，计划下达单位或者合同甲方单位不具备定密权限，由上一级具有定密权限的机关、单位出具。

③申请人无权定密且该专利来源于自筹经费项目，则由上一级具有定密权限的机关、单位出具，没有上级机关的，由设区的市级以上国防科技工业管理机构或保密行政管理部门出具。

（四）文件格式的总体要求

适用文字：中文（汉字），科技术语使用规范词，外国人名、地名和科技术语没有统一中文译文的，应当注明原文，各种证件和证明文件是外文的，必要时应当附送中文译文。

附图要求：附图应当用包括计算机在内的制图工具绘制，特殊情况下，可以是照片（金相结构、细胞组织），附图线条为黑色，多幅图顺序编号、附图标记也应编号。

字体和线条要求：字体为楷体、宋体或仿宋体；字体颜色为黑色。

（五）纸质文件的格式要求

标准格式：格式、样式统一制定；纸张：白色，质量不低于80g胶版纸，规格：A4纸，页边：顶端和左侧25mm，底部和右侧15mm。

书写规则：打字或印刷，不得手写，不得涂改；字迹清晰；各种文件单面、纵向使用，从左至右书写，单独编页。

制图规则：用制图工具、黑色墨水绘制，大小、布置应保证清晰。

（六）受理条件

国防专利申请有下列情形之一的，国防专利局不予受理：

①发明专利申请缺少请求书、说明书或者权利要求书的。

②未使用中文。

③申请文件未打字或印刷；字迹线条不清楚；附图、图片有涂改；附图、图片为易擦除笔绘制。

④请求书中缺少申请人姓名或者名称，或者缺少地址。

⑤在中国内地没有经常居所或者营业所的香港、澳门或者台湾地区的个人、企业或者其他组织作为第一署名申请人，没有委托专利代理机构。

专利申请文件除符合以上不受理情形外，都应当予以受理。有其他缺陷的，例如缺少摘要、摘要附图等，可以在后续初步审查中予以补正。

（七）申请日

专利受理产生两个重要的著录项目信息：申请日和申请号。申请日将决定专利审查过程中新颖性、创造性的检索日期，以及各种期限、费用的起算点。《审查指南》第五部分第三章第2.3.1节中规定了申请日的确定、第五部分第十一章第4.2节规定电子申请申请日的确定、第五部分第三章第4小节规定了申请日的更正；《细则》第四十一条规定了申请日的变更。以上规定的重点知识点归纳如下：

1. 申请日确定

（1）书面形式申请日的确定

①向国防专利局受理处或者代办处窗口直接递交的专利申请，以收到日为申请日。

②机要邮寄递交申请的，以寄出的邮戳日为申请日。

③邮寄或者递交到国防专利局非受理部门或者个人的专利申请，其邮寄日或者递交日不具有确定申请日的效力，如果该专利申请被转送到专利局受理处或者代办处，以受理处或者代办处实际收到日为申请日。

④对符合受理条件的分案申请，以原申请的申请日为申请日。

2. 申请日的更正

申请人收到专利申请受理通知书之后认为该通知书上记载的申请日与邮寄该申请文件日期不一致的，可以请求国防专利局更正申请日。

请求更正申请日的条件：

①在递交专利申请文件之日起2个月内或者申请人收到专利申请受理通知书1个月内提出。

②附有收寄专利申请文件的邮局出具的寄出日期的有效证明。

符合上述规定的，应予更正申请日。

3. 申请日的变更

说明书中写有对附图的说明但无附图或者缺少部分附图的，申请人应在指定期限内补交附图或者声明取消对附图的说明。申请人补交附图的，以提交或者邮寄附图之日为申请日；取消对附图的说明的，保留原申请日。

二、发明专利的初步审查概述

初步审查是国防专利局受理发明之后的必经程序。

（一）审查原则

初步审查程序中，审查员应当遵循以下审查原则：

①保密原则。

②书面审查原则。

审查员应当以申请人提交的书面文件为基础进行审查，审查意见（包括补正通知）和审查结果应当以书面形式通知申请人。初步审查程序中，原则上不进行会晤。

③听证原则。

审查员在做出驳回决定之前，应当将驳回所依据的事实、理由和证据通知申请人，至少给申请人一次陈述意见和/或修改申请文件的机会。审查员做出驳回决定时，驳回决定所依据的事实、理由和证据，应当是已经通知过申请人的，不得包含新的事实、理由和/或证据。

④程序节约原则。

对于存在可以通过补正克服缺陷的申请，审查员应当进行全面审查，并尽可能在一次补正通知书中指出全部缺陷。

（二）发明专利初步审查程序

1. 初审程序的启动

发明专利被受理后，在期限内缴纳申请费、公布印刷费（包括附加费）后，国防专利局启动初审流程。

2. 审查内容

国防专利初步审查包括对申请文件的形式、申请文件的明显实质性缺陷、相关手续的合法性以及费用进行审查。

（1）对申请文件的审查

申请文件存在缺陷，需要以补正形式克服缺陷的，发出补正通知书。不能通过补正方式克服的明显实质性缺陷，发出审查意见通知书。

（2）对手续文件的审查

手续性文件包括专利代理委托手续、要求优先权手续、要求不丧失新颖性宽限手续、要求提前公布手续，等等。

对手续文件审查发现不符合规定的，国防专利局所发出的通知书包括：办理手续补正通知书、视为未要求优先权通知书、视为未提出通知书等文件。

3. 通知书的答复

申请人在收到补正通知书或者审查意见通知书后，应当在指定的期限内补正或者陈述意见。申请人对专利申请进行补正的，应当提交补正书和相应修改文件替换页。对申请文件的修改，应当针对通知书指出的缺陷进行。修改的内容不得超出申请日提交的说明书和权利要求书记载的范围。

申请人期满未答复的，审查员应当根据情况发出视为撤回通知书或者其他通知书（指视为未委托、视为未要求优先权等情况）。

4. 初步审查程序结束

初审审查程序可能出现以下情况：

（1）初步审查合格

普通发明专利申请初步审查合格后，自申请日（优先权日）起满18个月即行公布。因各种原因尚未初审合格的，迟延公布。国防专利初步审查合格后由于保密的原因不进行具体内容的公布。

（2）驳回

专利申请存在实质性缺陷，在国防专利局发出审查意见通知书后，或者发出两次补正通知书后，仍存在缺陷，申请可以被驳回。

（3）视为撤回

未答复补正通知书或者审查意见通知书，申请视为撤回。

（4）撤回

申请人声明撤回专利申请的，审查终止。

（三）依职权修改

对于国防专利申请文件中文字和符号的明显错误，审查员可以在初步审查合格之前依职权进行修改，并通知申请人。

第二节　申请相关文件的初步审查

本节集中讲述《审查指南》对这三种文件的初步审查：请求书、委托书和著录项目变更申报书。其中，请求书中涉及与申请有关的各项信息、委托书涉及与委托有关的著录信息、著录项目变更申报书涉及著录项目信息的变更。

一、对请求书表格项目的初步审查

（一）发明人

《审查指南》第一部分第一章第4.1.2节涉及发明人的初审，归纳重要知识点如下：

1. 发明人应当是个人

请求书中不得填写单位或者集体，例如不得写成"××课题组"等。

2. 发明人应当使用本人真实姓名

不得使用笔名或者其他非正式的姓名。

3. 请求不公布发明人姓名的声明

发明人可以请求专利局不公布其姓名。提出专利申请时请求不公布发明人姓名的，应当在请求书"发明人"一栏所填写的相应发明人后面注明"（不公布姓名）"。

提出专利申请后请求不公布发明人姓名的，应当提交由发明人签字或者盖章的书面声明。

提出专利申请后请求不公布发明人姓名的，应在申请进入公布准备之前提出。专利申请进入公布准备后才提出该请求的，视为未提出请求。

不公布姓名的请求提出之后，经审查合格的，国防专利局在专利公报、专利申请单行本、专利单行本以及专利证书中均不公布其姓名，并在相应位置注明"请求不公布姓名"字样，发明人也不得再请求重新公布其姓名。

（二）申请人

《审查指南》第一部分第一章第4.1.3.1节规定了申请人的初审。此部分应掌握：

①申请人是个人的，应当使用本人真实姓名，不得使用笔名或者其他非正式的姓名。

②申请人是单位的，应当使用正式全称，不得使用缩写或者简称。请求书中填写的单位名称应当与所使用的公章上的单位名称一致。

申请人为单位的，不能填写为"××大学科研处"或者"××研究所××课题组"。

③姓名中不应当含有学位、职务等称号，例如××博士、××教授等。

（三）联系人

《审查指南》第一部分第一章第4.1.4节规定了对联系人的初审。

1. 联系人的作用

联系人是代替申请人接收国防专利局所发信函的收件人。联系人的作用仅在于收取专利局发出的各种通知书及其他信件。因此，如果申请人已经委托专利代理机构，代理机构代为接收信函，不需要填写联系人。

2. 单位申请人的联系人

申请人是单位且未委托专利代理机构的，应当填写联系人，联系人应当是本单位的工作人员。

3. 个人申请人的联系人

申请人已经委托代理机构或者本人可以收取专利局所发信函的，不需要填写联系人。个人申请人需由他人代收专利局所发信函的，也可以填写联系人。

联系人只能填写一人。

（四）代表人

《审查指南》第一部分第一章第4.1.5节规定了对代表人的初审。此部分掌握如下内容：

1. 代表人的产生

申请人有两人以上且未委托专利代理机构的，在请求书中所填申请人中指定一人为代表人。没有进行指定声明的，以第一署名申请人为代表人。

如果申请人已经委托专利代理机构，不需要填写代表人。

2. 代表人的作用

在有多个申请人的情况下，代表人可以代表申请人办理提前公开、补正、答复审查员意见通知书等手续。

3. 电子申请代表人的确定

对于电子申请，申请人有两人以上且未委托专利代理机构的，以提交电子申请的电子申请用户为代表人。

4. 代表人的权利

除直接涉及共有权利的手续外，代表人可以代表全体申请人办理在专利局的其他手续。直接涉及共有权利的手续包括：提出专利申请，委托专利代理，转让专利申请权、优先权或者专利权，撤回专利申请，撤回优先权要求，放弃专利权等。直接涉及共有权利的手续应当由全体权利人签字或者盖章。

5. 代表人与联系人的区别和联系

下面通过表 3-1 对比代表人与联系人的区别和联系。

表 3-1 代表人与联系人的区别和联系

比较项目	作用	能力要求	与申请人的关系
联系人	限于收取信函，无权办理各种手续	只能是自然人，有明确的收件地址	联系人是本单位职工或者是申请人指定的任何人
代表人	可办理除涉及共有权利以外的手续	代表人可以是自然人，也可以是单位	代表人必须是申请人之一

（五）请求书表格的其他事项

请求书中还应填写：申请文件（摘要、摘要附图、权利要求书、说明书、说明书附图的页数）、要求优先权、依赖遗传资源的声明、生物保藏证明、要求提前公开声明、代理机构信息、代理人、不丧失新颖性宽限期声明、保密请求等。以上各项的要求在其他章节中进行详解。

二、对委托书的初步审查

《审查指南》第一部分第一章第 6.1 节规定了对委托书的审查。

（一）委托法律关系

委托的双方当事人是申请人和被委托的专利代理机构。申请人有两个以上的，委托的双方当事人是全体申请人和被委托的专利代理机构。

被委托的专利代理机构仅限一家，复审无效等程序除外。专利代理机构接受委托后,应当指定该专利代理机构的专利代理师办理有关事务,被指定的专利代理师不得超过两名。

(二) 委托书

委托书应当使用专利局制定的标准表格,写明委托权限、发明创造名称、专利代理机构名称、专利代理师姓名,并应当与请求书中填写的内容相一致。在专利申请确定申请号后提交委托书的,还应当注明专利申请号。

(三) 对委托书不合格的处理

委托书不符合规定的,审查员应当发出补正通知书,通知专利代理机构在指定期限内补正。对于不要强制委托(申请人为中国内地单位或者个人,以及第一署名申请人是中国内地单位或者个人)期满未答复或者补正后仍不符合规定的,应当向双方当事人发出视为未委托专利代理机构通知书。

三、著录项目变更申报书的初步审查

《专利法》第十条,《细则》第十四、九十三、九十九、一百一十九、一百二十条,对著录项目变更进行了说明。变更项目包括:申请人/专利权人的事项(更名、转让、其他类),发明人的姓名(书写错误、变更发明人),专利代理的事项(改变委托、解除委托、新委托),联系人的事项,申请人中谁为代表人。

(一) 著录项目变更手续

1. 著录项目变更申报书

办理著录项目变更手续应当提交著录项目变更申报书。申报书的要求如下:

①一件专利申请的多个著录项目同时发生变更的,只需提交一份著录项目变更申报书。

②一件专利申请同一著录项目发生连续变更的,应当分别提交著录项目变更申报书。

③多件专利申请的同一著录项目发生变更的,即使变更的内容完全相同,也应当分别提交著录项目变更申报书。

2. 著录项目变更手续费

著录项目变更手续费是指一件专利申请每次每项申报著录项目变更的费用。针对一项专利申请(或专利),申请人在一次著录项目变更申报手续中对同一著录项目提出连续变更,视为一次变更。

变更发明人和/或申请人的,按一次变更收费。

3. 著录项目变更手续费缴纳期限

著录项目变更手续费应当自提出请求之日起1个月内缴纳。

4. 办理著录项目变更手续的人

已委托专利代理机构的，应当由专利代理机构办理，未委托专利代理机构的，著录项目变更手续应当由申请人（或专利权人）或者其代表人办理。因权利转移引起的变更，也可以由新的权利人或者其委托的专利代理机构办理。

（二）证明文件

1. 申请人名称变更的证明文件

①个人因更改姓名提出变更请求的，应当提交户籍管理部门出具的证明文件。

②个人因填写错误提出变更请求的，应当提交本人签字或者盖章的声明及本人的身份证明文件。

③企业法人因更名提出变更请求的，应当提交工商行政管理部门出具的证明文件。

④事业单位法人、社会团体法人因更名提出变更请求的，应当提交登记管理部门出具的证明文件。

⑤机关法人因更名提出变更请求的，应当提交上级主管部门签发的证明文件。

⑥其他组织因更名提出变更请求的，应当提交登记管理部门出具的证明文件。

申请人名称变更总结见表3-2。

表3-2 申请人名称变更总结

变更项目		变更原因	证明文件
申请人或专利权人姓名或名称变更	个人	更改姓名	户籍管理部门出具的证明文件
		填写错误	本人签字或盖章的声明及本人的身份证明文件
	法人 更名	企业	工商行政管理部门出具的证明文件
		事业单位社会团体其他组织	登记管理部门出具的证明文件
		机关	提交上级主管部门签发的证明文件
	外国人	更改中文译名	提交申请人（或专利权人）的声明

2. 权属纠纷证明文件

申请人（或专利权人）因权属纠纷发生权利转移提出变更请求的，按以下情况分别办理：

①纠纷是通过协商解决的，应当提交全体当事人签字或者盖章的权利转移协议书。

②纠纷是由地方知识产权管理部门调解解决的，应当提交该部门出具的调解书。

③纠纷是由人民法院调解或者判决确定的，应当提交生效的人民法院调解书或者判决书。

④纠纷是由仲裁机构调解或者裁决确定的，应当提交仲裁调解书或者仲裁裁决书。

权属纠纷转移证明文件总结见表3-3。

表3-3 权属纠纷转移证明文件总结

变更项目	变更原因	证明文件
申请人或专利权人因权属纠纷发生权利转移	协商解决	全体当事人签章的权力转移协议书
	地方知识产权管理部门调解解决	该部门出具的调解书
	人民法院调解或者判决确定的	生效的人民法院调解书或者判决书
	仲裁机构调解或者裁决确定的	仲裁调解书或者仲裁裁决书

3. 转让或赠予证明材料

《国防专利条例》第8条规定，国防专利的申请权或者国防专利权可以向国内的中国单位和中国公民转让。转让国防专利申请权或者专利权的属于全民所有制单位的，必须经单位的上级主管部门批准，属于集体所有制单位和个人的，必须经国防专利局批准。向中外合资经营企业、中外合作经营企业转让国防专利申请权或者专利权的必须经国防专利局批准。申请人（或专利权人）因权利的转让或者赠予发生权利转移提出变更请求的，应当提交转让或者赠予合同。

4. 其他原因的转移

①单位变更。申请人（或专利权人）是单位，因其合并、分立、注销或者改变组织形式提出变更请求的，应当提交登记管理部门出具的证明文件。

②继承。申请人（或专利权人）因继承提出变更请求的，应当提交经公证的当事人是唯一合法继承人或者当事人已包括全部法定继承人的证明文件。除另有明文规定外，共同继承人应当共同继承专利申请权（或专利权）。

③拍卖。专利申请权（或专利权）因拍卖提出变更请求的，应当提交有法律效力的证明文件。

案的注册变更手续，注册变更手续生效后，由国防专利局统一进行变更处理。

②专利代理师的变更应当由专利代理机构办理个案变更手续。

③解除委托或者辞去委托手续。

a. 办理解除委托或者辞去委托手续的，应当事先通知对方当事人。

b. 解除委托时，申请人（或专利权人）应当提交著录项目变更申报书，并附具全体申请人（或专利权人）签字或者盖章的解聘书，或者仅提交由全体申请人（或专利权人）签字或者盖章的著录项目变更申报书。

c. 辞去委托时，专利代理机构应当提交著录项目变更申报书，并附具申请人（或专利权人）或者其代表人签字或者盖章的同意辞去委托声明，或者附具由专利代理机构盖章的表明已通知申请人（或专利权人）的声明。

d. 变更手续生效（即发出手续合格通知书）之前，原专利代理委托关系依然有效，且专利代理机构已为申请人（或专利权人）办理的各种事务在变更手续生效之后继续有效。

代理机构变更所需提交的证明文件见表3-6。

表3-6 代理机构变更证明文件

变更项目	变更原因	证明文件
代理机构	专利代理机构更名、迁址	国家知识产权局主管部门办理备案的注册变更手续，注册变更手续生效后，由专利局统一进行变更处理
	专利代理师的变更	个案变更手续
代理机构	解除委托	事先通知对方当事人提交著录项目变更申报书，并附具全体申请人（或专利权人）签字或者盖章的解聘书，或者仅提交由全体申请人（或专利权人）签字或者盖章的著录项目变更申报书
	辞去委托	事先通知对方当事人提交著录项目变更申报书，并附具申请人（或专利权人）或者其代表人签字或者盖章的同意辞去委托声明，或者附具由专利代理机构盖章的表明已通知申请人（或专利权人）的声明

7. 权利变更后委托代理机构的手续

专利申请权（或专利权）转移的，变更后的申请人（或专利权人）委托新专利代理机构的，应当提交变更后的全体申请人（或专利权人）签字或者盖章的委托书；变更后的申请人（或专利权人）委托原专利代理机构的，只需提交新增申请人（或专利权人）签字或者盖章的委托书。

（三）著录项目变更的生效（《专利法》第十条）

著录项目变更手续自国防专利局发出变更手续合格通知书之日起生效。

专利申请权（或专利权）的转让自登记日起生效，登记日即上述的手续合格通知书的发文日。

第三节　特殊专利申请的初步审查

本节讲解《审查指南》对四种特殊专利申请审查的规定：分案申请、要求优先权的申请、涉及生物材料的申请、涉及遗传资源的申请。

一、分案申请的受理及审查

《审查指南》第一部分第一章第 5.1 节规定了对分案申请的初步审查，重点内容归纳如下：

（一）分案申请的情形

①一件专利申请包括两项以上发明的，申请人可以主动提出或者依据审查员的审查意见提出分案申请。

②原申请不存在单一性的缺陷，申请人也可以主动提出分案申请。

（二）分案申请的核实

①分案申请的类别应当与原申请的类别一致。不一致的，不予受理。

②分案申请应当在请求书中填写原申请的申请号和申请日。

受理过程中，如果分案申请请求书中原申请的申请号填写正确，但未填写原申请的申请日的，以原申请号所对应的申请日为申请日。分案申请请求书中未填写原申请的申请号或者填写的原申请的申请号有误的，按照一般专利申请受理。

③对符合受理条件的分案申请，专利局应当受理，给出专利申请号，以原申请的申请日为申请日，并记载分案申请递交日。

④对于已提出过分案申请，申请人需要针对该分案申请再次提出分案申请的，还应当在原申请的申请号后的括号内填写该分案申请的申请号。

⑤原申请是国际申请的，申请人还应当在所填写的原申请的申请号后的括号内注明国际申请号。

（三）分案申请的递交时间

在专利审查过程中，程序未结束以前，都可以提出分案申请。具体规定如下：

①收到授予专利权通知书之日起 2 个月期限（即办理登记手续的期限）届满之前提出分案申请。

②对于驳回的申请，自申请人收到驳回决定之日起 3 个月内，不论申请人是否提出复审请求，均可以提出分案申请。

③原申请被视为撤回，需办理恢复权利手续，再提出分案申请。

④提出复审请求以后以及对复审决定不服提起行政诉讼期间，申请人也可以提出分案申请。

⑤对于已提出过分案申请，申请人需要针对该分案申请再次提出分案申请的，再次提出的分案申请的递交时间仍应当根据原申请审核。

但是，因分案申请存在单一性的缺陷，申请人按照审查员的审查意见再次提出分案申请的情况除外。对于此种除外情况，申请人再次提出分案申请的同时，应当提交审查员发出的指明了单一性缺陷的审查意见通知书或者分案通知书的复印件。

分案申请递交日不符合规定的，分案申请视为未提出。

（四）分案申请的申请人和发明人

分案申请的申请人应当与原申请的申请人相同；不相同的，应当提交有关申请人变更的证明材料。分案申请的发明人也应当是原申请的发明人或者是其中的部分成员。

（五）分案申请提交的文件

分案申请除应当提交申请文件外，还应当提交原申请的申请文件副本以及原申请中与本分案申请有关的其他文件副本（如优先权文件副本）。原申请中已提交的各种证明材料，可以使用复印件。原申请的国际公布使用外文的，除提交原申请的中文副本外，还应当同时提交原申请国际公布文本的副本。

电子申请原案已经提交的各种材料，不需要重新提交。

（六）分案申请的期限和费用

分案申请适用的各种法定期限，例如提出实质审查请求的期限，应当从原申请日（优先权日）起算。对于已经届满或者自分案申请递交日起至期限届满日不足两个月的各种期限，申请人可以自分案申请递交日起 2 个月内或者自收到受理通知书之日起 15 日内补办各种手续；期满未补办的，审查员应当发出视为撤回通知书。

对于分案申请，应当视为一件新申请收取各种费用。对于已经届满或者自分案申请递交日起至期限届满日不足 2 个月的各种费用，申请人可以在自分案申请递交日起 2 个月内或者自收到受理通知书之日起 15 日内补缴；期满未补缴或未缴足的，审查员应当发出视为撤回通知书。

（七）分案申请内容的要求

分案申请的内容不得超出原申请记载的范围。

分案申请应当在其说明书的起始部分，即发明所属技术领域之前，说明本申请是哪一件申请的分案申请，并写明原申请的申请日、申请号和发明创造名称。

分案以后的原申请与分案申请的权利要求书应当分别要求保护不同的发明；而它们的说明书可以允许有不同的情况。例如，分案前原申请有 A、B 两项发明；分案之后，原申请的权利要求书若要求保护 A，其说明书可以仍然是 A 和 B，也可以只保留 A；分案申请的权利要求书若要求保护 B，其说明书可以仍然是 A 和 B，也可以只是 B。

二、对要求优先权的申请的初步审查

前面介绍了优先权的效力、优先权的种类、优先权的享有。本部分介绍要求优先权的程序审查，归纳《审查指南》第一部分第一章第 6.2 节中的重点内容。优先权分为外国优先权和本国优先权，二者相比其共性与特殊性分析如下：

（一）要求优先权声明时限

申请人要求优先权的，应当在提出专利申请的同时在请求书中声明；未在请求书中提出声明的，视为未要求优先权。

（二）要求优先权的声明内容

申请人在要求优先权声明中应当写明作为优先权基础的在先申请的申请日、申请号和原受理机构名称（要求国内优先权的，为中国）；未写明或者错写在先申请日、申请号和原受理机构名称中的一项或者两项内容，而申请人已在规定的期限内提交了在先申请文件副本的，可以通过补正修改。

（三）在先申请文件副本

①作为优先权基础的在先申请文件的副本应当由该在先申请的原受理机构出具。

申请人要求本国优先权并且在请求书中写明了在先申请的申请日和申请号的，视为提交了在先申请文件副本。

②要求多项优先权的，应当提交全部在先申请文件副本。

③在先申请文件副本应当在提出在后申请之日起 3 个月内提交；期满未提交的，视为未要求优先权。

④依照国家知识产权局与在先申请的受理机构签订的协议，专利局通过电子交换等途径从该受理机构获得在先申请文件副本的，不需要再提交纸件副本。

⑤对于要求本国优先权的申请，申请人在请求书中写明了在先申请的申请日和申请号的，视为提交了在先申请文件副本。

当事人在提交优先权证明文本，应当同时附具中文题录译文。

（四）在后申请的申请人

1. 外国优先权

要求国外优先权的在后申请的申请人与在先申请文件副本中记载的申请人应当一致，或者是在先申请文件副本中记载的申请人之一。

申请人完全不一致，且在先申请的申请人将优先权转让给在后申请的申请人的，应当在提出在后申请之日起 3 个月内提交由在先申请的全体申请人签字或者盖章的优先权转让证明文件。

在先申请具有多个申请人，在后申请也具有多个申请人并与在先申请的申请人不同，优先权转让证明文件可以由在先申请的所有申请人共同签字或者盖章，也可以由在先申请的所有申请人分别签字或者盖章。

2. 本国优先权

要求本国优先权的在后申请的申请人与在先申请中记载的申请人应当一致；不一致的，在后申请的申请人应当在提出在后申请之日起 3 个月内提交由在先申请的全体申请人签字或者盖章的优先权转让证明文件。

（五）要求本国优先权在先申请视为撤回程序

申请人要求本国优先权的，其在先申请自在后申请提出之日起即视为撤回。被视为撤回的在先申请不得请求恢复。

（六）优先权要求的撤回

申请人要求优先权之后，可以撤回优先权要求。申请人要求多项优先权之后，可以撤回全部优先权要求，也可以撤回其中某一项或者几项优先权要求。

申请人要求撤回优先权要求的，应当提交全体申请人签字或者盖章的撤回优先权声明。

要求本国优先权的，撤回优先权后，已被视为撤回的在先申请不得因优先权要求的撤回而请求恢复。

优先权要求撤回后，导致该专利申请的最早优先权日变更时，自该优先权日起算的各种期限尚未届满的，该期限应当自变更后的最早优先权日或者申请日起算，撤回优先权的请求是在原最早优先权日起 15 个月之后到达专利局的，则在后专利申请的公布期限仍按照原最早优先权日起算。

（七）优先权要求费

要求优先权的，应当在缴纳申请费的同时缴纳优先权要求费（申请日起 2 个月，或者自收到受理通知书之日起 15 日内）；期满未缴纳或者未缴足的，视为未要求优先权。

三、涉及生物材料的申请

《细则》第 24 条规定，申请专利的发明涉及新的生物材料，该生物材料公众不能得到，并且对该生物材料的说明不足以使所属领域的技术人员实施其发明的，除应当符合专利法和本细则的有关规定外，申请人还应当办理生物保藏手续。

《审查指南》第一部分第一章第 5.2 节（生物材料的初审）、第二部分第十章第 9.2.1 节（生物保藏）详细规定了保藏手续，重要内容归纳如下：

（一）生物保藏的目的

在生物技术领域，有时文字很难描述生物材料的具体特征，即使有了描述，所属领域的技术人员仍然不能实施发明。这样，为了满足《专利法》第二十六条第三款的要求，应当将生物材料提交到国家知识产权局认可的保藏单位。

（二）提交生物保藏的时限

在申请日前或者最迟在申请日（有优先权的，指优先权日），应当将该生物材料样品提交至国家知识产权局认可的生物材料样品国际保藏单位保藏。

（三）存活证明

申请人应当自申请日起 4 个月内提交保藏单位出具的保藏证明和存活证明。如果是 PCT 申请进入中国国家阶段，应当从进入国家阶段之日起 4 个月内提交证明。

（四）说明事项

在申请文件中，提供有关该生物材料特征的资料。

涉及生物材料样品保藏的专利申请应当在请求书和说明书中写明该生物材料的分类命名（注明拉丁文名称），保藏该生物材料样品的单位名称、地址，保藏日期和保藏编号；申请时未写明的，应当自申请日起 4 个月内补正；期满未补正的，视为未提交保藏。

四、涉及遗传资源的申请

《细则》第二十六条规定，遗传资源，是指取自人体、动物、植物或者微生物等含有遗传功能单位并具有实际或者潜在价值的材料；依赖遗传资源完成的发明创造，是指利用了遗传资源的遗传功能完成的发明创造。

就依赖遗传资源完成的发明创造申请专利的，申请人应当在请求书中予以说明，并填写国务院专利行政部门制定的表格。

《审查指南》第一部分第一章第 5.3 节和第二部分第十章第 9.5.3 节进一步规定，依赖遗传资源完成的发明创造申请专利，申请人应当在请求书中对于遗传资源的来源予以说明，并填写遗传资源来源披露登记表，写明该遗传资源的直接来源和原始来源。

申请人无法说明原始来源的，应当陈述理由。对于不符合规定的，审查员应当发出补正通知书，通知申请人补正。期满未补正的，审查员应当发出视为撤回通知书。补正后仍不符合规定的，该专利申请应当被驳回。

需要注意的是，登记表中的内容不属于原说明书和权利要求书记载的内容，因此不能作为判断说明书是否充分公开的依据，也不得作为修改说明书和权利要求书的基础。

第四节　实质审查程序

本节讲解《审查指南》第二部分第八章实质审查程序中的重点内容。

一、实质审查基本程序

（一）实质审查的启动

1. 申请人启动

实质审查请求应当在自申请日（有优先权的，指优先权日）起 3 年内提出，并在此期限内缴纳实质审查费。无正当理由逾期不请求实质审查的，该申请即被视为撤回。

2. 专利局启动

国务院专利行政部门认为必要的时候，可以自行对发明专利申请进行实质审查。

（二）与实质审查相关的手续

发明专利申请人请求实质审查时，应当提交在申请日（有优先权的，指优先权日）前与其发明有关的参考资料。

发明专利已经在外国提出过申请的，国务院专利行政部门可以要求申请人在指定期限内提交该国为审查其申请进行检索的资料或者审查结果的资料。

二、实质审查程序中的基本原则

（一）请求原则

除另有规定外，实质审查程序只有在申请人提出实质审查请求的前提下才能启动。审查员只能根据申请人依法正式呈请审查（包括提出申请时、依法提出修改时或者答复审查意见通知书时）的申请文件进行审查。

（二）听证原则

在实质审查过程中，审查员在做出驳回决定之前，应当给申请人提供至少一次针对驳回所依据的事实、理由和证据陈述意见和/或修改申请文件的机会，即审查员做出驳回决定时，驳回所依据的事实、理由和证据应当在之前的审查意见通知书中已经告知过申请人。

（三）程序节约原则

除非确认申请根本没有被授权的前景，审查员应当在第一次审查意见通知书中，将申请中不符合专利法及其实施细则规定的所有问题通知申请人，要求其在指定期限内对所有问题给予答复，尽量地减少与申请人通信的次数，以节约程序。

请求原则和听证原则优先于节约程序原则。

三、实质审查

（一）审查的文本

审查员首次审查所针对的文本通常是申请人按照《专利法》及《细则》规定提交的原始申请文件或者应国防专利局初步审查部门要求补正后的文件。

1. 以符合主动修改时机的文本为准

申请人在提出实质审查请求时，或者在收到国防专利局发出的发明专利申请进入实质审查阶段通知书之日起的 3 个月内，对发明专利申请进行了主动修改的，无论修改的内容是否超出原说明书和权利要求书记载的范围，均应当以申请人提交的经过该主动修改的申请文件作为审查文本。

2. 多次主动修改的，以最后一次为准

申请人在上述规定期间内多次对申请文件进行了主动修改的，应当以最后一次提交的申请文件为审查文本。

3. 不符合主动修改时机的，一般不接受

申请人在上述规定以外的时间对申请文件进行的主动修改，一般不予接受，其提交的经修改的申请文件，不应作为审查文本。

4. 例外规定

如果申请人进行的修改不符合主动修改的时机，但审查员在阅读该经修改的文件后认为其消除了原申请文件存在的应当消除的缺陷，又符合《专利法》第 33 条的规定，且在该修改文本的基础上进行审查将有利于节约审查程序，则可以接受该经修改的申请文件作为审查文本。

（二）全面审查

为节约程序，审查员通常应当在发出第一次审查意见通知书之前对专利申请进行全面审查，即审查申请是否符合《专利法》及其实施细则有关实质方面和形式方面的所有规定。

（三）对公众意见的处理

①任何人对不符合《专利法》规定的发明专利申请向国防专利局提出的意见，应当存入该申请文档中供审查员在实质审查时考虑。

②如果公众的意见是在审查员发出授予专利权的通知之后收到的，就不必考虑。

③专利局对公众意见的处理情况，不必通知提出意见的公众。

（四）第一次审查意见通知书

审查员对申请进行实质审查后，通常以审查意见通知书的形式，将审查的意见和倾向性结论通知申请人。在审查意见通知书正文中，审查员必须根据《专利法》及其实施细则具体阐述审查的意见。审查的意见应当明确、具体，使申请人能够清楚地了解其申请存在的问题。审查意见通知书需注意以下几点：

①为了使申请人尽快地做出符合要求的修改，必要时审查员可以提出修改的建议供申请人修改时参考。如果申请人接受审查员的建议，应当正式提交经过修改的文件，审查员在通知书中提出的修改建议不能作为进一步审查的文本。

②为了加快审查程序，应当尽可能减少审查意见通知书的次数。因此，除该申请因存在严重实质性缺陷而无授权前景或者审查员因申请缺乏单一性而暂缓继续审查之外，第一次审查意见通知书应当写明审查员对申请的实质方面和形式方面的全部意见。

③在审查文本不符合《专利法》第三十三条规定的情况下，审查员也可以针对审查文本之外的其他文本提出审查意见，供申请人参考。

④在审查意见通知书中，审查员应当指定答复期限。答复第一次审查意见通知书的期限为4个月。

（五）继续审查

在申请人答复第一次审查意见通知书之后，审查员应当对申请继续进行审查，考虑申请人陈述的意见和/或对申请文件做出的修改。

如果申请人同时提交了经修改的说明书和/或权利要求书，审查员首先应当按照《专利法》第三十三条和《细则》第五十一条第三款的规定，分别审查修改是否超出原说明书和权利要求书记载的范围以及修改是否按照审查意见通知书要求进行。

在继续审查（包括复审后的审查）中，必要时，审查员应当进行补充检索。答复一之后的历次审查意见通知书的期限为2个月。

（六）会晤

在某些情况下，审查员可以约请申请人会晤，以加快审查程序。申请人亦可以要求会晤，此时，审查员只要认为通过会晤能达到有益的目的，就应当同意申请人提出的会晤要求；反之，审查员可以拒绝会晤要求。

1. 举行会晤的条件

举行会晤的条件是：

①审查员已发出第一次审查意见通知书。

②申请人在答复审查意见通知书的同时或者之后提出了会晤要求，或者审查员根据案情的需要向申请人发出了约请。

2. 会晤地点

会晤应当在专利局指定的地点进行，审查员不得在其他地点同申请人就有关申请的问题进行会晤。

3. 参加会晤的人员

①申请人委托了专利代理机构的，会晤必须有代理人参加。

②申请人没有委托专利代理机构的，申请人应当参加会晤；共有专利申请的单位或者个人都应当参加会晤。

③必要时，发明人受申请人的指定或委托，可以同代理人一起参加会晤，或者在申请人未委托代理机构的情况下受申请人的委托代表申请人参加会晤。

④参加会晤的申请人或代理人等的总数，一般不得超过两名。

4. 会晤记录

会晤结束后，审查员应当填写会晤记录。会晤记录中应当写明讨论的问题、结论或者同意修改的内容。会晤记录不能代替申请人的正式书面答复或者修改。

（七）电话讨论

审查员可以与申请人就申请文件中存在的问题进行电话讨论，但电话讨论仅适用于解决次要的且不会引起误解的形式方面的缺陷所涉及的问题。

（八）取证和现场调查

一般说来，在实质审查程序中审查员不必要求申请人提供证据。如果申请人不同意审查员的意见，可提供证据来支持其主张。申请人提供的证据可以是书面文件或者实物模型。例如，申请人提供有关发明的技术优点方面的资料，以证明其申请具有创造性；又如，申请人提供实物模型进行演示，以证明其申请具有实用性等。

如果某些申请中的问题，需要审查员到现场调查方能得到解决，则应当由申请人提出要求，经负责审查该申请的实质审查部的部长批准后，审查员方可去现场调查。调查所需的费用由专利局承担。

四、针对审查意见的答复

(一) 答复的形式

对专利局发出的审查意见通知书,申请人应当在通知书指定的期限内做出答复。

申请人的答复可以仅仅是意见陈述书,也可以进一步包括经修改的申请文件(替换页和/或补正书)。

申请人可以请求国防专利局延长指定的答复期限。但是,延长期限的请求应当在期限届满前提出。

(二) 答复的方式

申请人的答复应当提交给国防专利局受理部门。直接提交给审查员的答复文件或征询意见的信件不视为正式答复,不具备法律效力。

(三) 答复的签署

申请人未委托专利代理机构的,其提交的意见陈述书或者补正书,应当有申请人的签字或者盖章;申请人是单位的,应当加盖公章;申请人有两个以上的,可以由其代表人签字或者盖章。

申请人委托了专利代理机构的,其答复应当由其所委托的专利代理机构盖章,并由委托书中指定的专利代理师签字或者盖章。

五、针对审查意见的修改

(一) 修改的种类

对申请文件的修改分为主动修改和被动修改两种。主动修改可以修改权利要求的保护范围、实质性缺陷或者形式缺陷。被动修改是指针对审查意见做的修改。

申请人仅在下述两种情形下可对其发明专利申请文件进行主动修改:
①在提出实质审查请求时。
②在收到专利局发出的发明专利申请进入实质审查阶段通知书之日起的3个月内。

(二) 答复审查意见通知书时的修改要求

1. 不能修改超范围

根据《专利法》第三十三条的规定,申请人可以对其专利申请文件进行修改,但是,对发明专利申请文件的修改不得超出原说明书和权利要求书记载的范围。

原说明书和权利要求书记载的范围包括原说明书和权利要求书文字记载的内容和根据原说明书和权利要求书文字记载的内容以及说明书附图能直接地、毫无疑义地确定的内容。申请人向专利局提交的申请文件的外文文本和优先权文件的内容，不能作为判断申请文件的修改是否符合《专利法》第三十三条规定的依据。但进入国家阶段的国际申请的原始提交的外文文本除外。

2. 不能进行主动修改

根据《细则》第五十一条第三款的规定，答复审查员意见通知书时，应当针对通知书指出的缺陷进行修改，不能主动修改。

（三）答复审查意见通知书时的修改方式

在答复审查意见通知书时，对申请文件进行修改的，应当针对通知书指出的缺陷进行修改，如果进行了主动修改，一般不予接受。

如果主动修改的内容与范围满足《专利法》第三十三条要求的修改，且消除了原申请文件存在的缺陷，并且具有被授权的前景，这种修改可以接受。

但是，当出现下列情况时，即使修改没有超出原始公开范围，修改也不予接受：

①主动删除独立权利要求中的技术特征，扩大了该权利要求请求保护的范围。

②主动改变独立权利要求中的技术特征，导致扩大了请求保护的范围。

③主动将仅在说明书中记载的与原来要求保护的主题缺乏单一性的技术内容作为修改后权利要求的主题。

④主动增加新的独立权利要求，该独立权利要求限定的技术方案在原权利要求书中未出现过。

⑤主动增加新的从属权利要求，该从属权利要求限定的技术方案在原权利要求书中未出现过。

如果申请人答复审查意见通知书时提交的修改文本不是针对通知书指出的缺陷做出的，修改文本不予接受。

（四）对权利要求书的允许的修改

允许的对权利要求书的修改，包括下述各种情形：

①在独立权利要求中增加技术特征，对独立权利要求做进一步的限定，只要增加了技术特征的独立权利要求所述的技术方案未超出原说明书和权利要求书记载的范围，这样的修改就应当被允许。

②变更独立权利要求中的技术特征，只要变更了技术特征的独立权利要求所述的技术方案未超出原说明书和权利要求书记载的范围，这种修改就应当被允许。

对于含有数值范围技术特征的权利要求中数值范围的修改，只有在修改后数值范围的两个端值在原说明书和/或权利要求书中已确实记载且修改后的数值范围在原数值范围之内的前提下,才是允许的。例如,权利要求的技术方案中,某温度为20℃~90℃,对比文件公开的技术内容与该技术方案的区别是其所公开的相应的温度范围为0℃~100℃,该文件还公开了该范围内的一个特定值40℃,因此,审查员在审查意见通知书中指出该权利要求无新颖性。如果发明专利申请的说明书或者权利要求书还记载了20℃~90℃范围内的特定值40℃、60℃和80℃,则允许申请人将权利要求中该温度范围修改成60℃~80℃或者60℃~90℃。

③变更独立权利要求的类型、主题名称及相应的技术特征,以克服原独立权利要求类型错误或者缺乏新颖性或创造性等缺陷。只要变更后的独立权利要求所述的技术方案未超出原说明书和权利要求书记载的范围,就可允许这种修改。

④删除一项或多项权利要求,这样的修改不会超出原权利要求书和说明书记载的范围,因此是允许的。

⑤将独立权利要求相对于最接近的现有技术正确划界。这样的修改不会超出原权利要求书和说明书记载的范围,因此是允许的。

⑥修改从属权利要求的引用部分,改正引用关系上的错误,使其准确地反映原说明书中所记载的实施方式或实施例。这样的修改不会超出原权利要求书和说明书记载的范围,因此是允许的。

⑦修改从属权利要求的限定部分,清楚地限定该从属权利要求的保护范围,使其准确地反映原说明书中所记载的实施方式或实施例,这样的修改不会超出原说明书和权利要求书记载的范围,因此是允许的。

(五) 对说明书及其摘要的修改

允许的说明书及其摘要的修改包括下述各种情形:

①修改发明名称,使其准确、简要地反映要求保护的主题的名称。

②修改发明所属技术领域。应当允许修改发明所属技术领域,使其与国际专利分类表中最低分类位置涉及的领域相关。

③修改背景技术部分,使其与要求保护的主题相适应。如果审查员通过检索发现了比申请人在原说明书中引用的现有技术更接近所要求保护的主题的对比文件,则应当允许申请人修改说明书,将该文件的内容补入这部分,并引证该文件,同时删除描述不相关的现有技术的内容。应当指出,这种修改实际上使说明书增加了原申请的权利要求书和说明书未曾记载的内容,但由于修改仅涉及背景技术而不涉及发明本身,且增加的内容是申请日前已经公知的现有技术,因此是允许的。

④修改发明内容部分中与该发明所解决的技术问题有关的内容,使其与要求保护的主题相适应。

⑤修改发明内容部分中与该发明技术方案有关的内容,使其与独立权利要求请求保护的主题相适应。

⑥修改发明内容部分中与该发明的有益效果有关的内容。只有在某（些）技术特征在原始申请文件中已清楚地记载，而其有益效果没有被清楚地提及，但所属技术领域的技术人员可以直接地、毫无疑义地从原始申请文件中推断出这种效果的情况下，才允许对发明的有益效果做合适的修改。

⑦修改附图说明。申请文件中有附图，但缺少附图说明的，允许补充所缺的附图说明；附图说明不清楚的，允许根据上下文做出合适的修改。

⑧修改最佳实施方式或者实施例。这种修改中允许增加的内容一般限于补入原实施方式或者实施例中具体内容的出处以及已记载的反映发明的有益效果数据的标准测量方法（包括所使用的标准设备、器具）。如果由检索结果得知原申请要求保护的部分主题已成为现有技术的一部分，则申请人应当将反映这部分主题的内容删除，或者明确写明其为现有技术。

⑨修改附图。删除附图中不必要的词语和注释，可将其补入说明书文字部分之中；修改附图中的标记使之与说明书文字部分相一致；在文字说明清楚的情况下，为使局部结构清楚起见，允许增加局部放大图；修改附图的阿拉伯数字编号，使每幅图使用一个编号。

⑩修改摘要。通过修改使摘要写明发明的名称和所属技术领域，清楚地反映所要解决的技术问题、解决该问题的技术方案的要点以及主要用途；删除商业性宣传用语；更换摘要附图，使其最能反映发明技术方案的主要技术特征。

修改由所属技术领域的技术人员能够识别出的明显错误，即语法错误、文字错误和打印错误。对这些错误的修改必须是所属技术领域的技术人员能从说明书的整体及上下文看出的唯一的正确答案。

（六）不允许的增加

不能允许的增加内容的修改，包括下述几种：

①将某些不能从原说明书（包括附图）和/或权利要求书中直接明确认定的技术特征写入权利要求和/或说明书。

②为使公开的发明清楚或者使权利要求完整而补入不能从原说明书（包括附图）和/或权利要求书中直接地、毫无疑义地确定的信息。

③增加的内容是通过测量附图得出的尺寸参数技术特征。

④引入原申请文件中未提及的附加组分，导致出现原申请没有的特殊效果。

⑤补入了所属技术领域的技术人员不能直接从原始申请中导出的有益效果。

⑥补入实验数据以说明发明的有益效果和/或补入实施方式和实施例以说明在权利要求请求保护的范围内发明能够实施。

⑦增补原说明书中未提及的附图，一般是不允许的；如果增补背景技术的附图，或者将原附图中的公知技术附图更换为最接近现有技术的附图，则应当允许。

（七）不允许的改变

不能允许的改变内容的修改，包括下述几种：

①改变权利要求中的技术特征,超出了原权利要求书和说明书记载的范围。

②由不明确的内容改成明确具体的内容而引入原申请文件中没有的新的内容。

③将原申请文件中的几个分离的特征改变成一种新的组合,而原申请文件没有明确提及这些分离的特征彼此间的关联。

④改变说明书中的某些特征,使得改变后反映的技术内容不同于原申请文件记载的内容,超出了原说明书和权利要求书记载的范围。

【例 3.1】

一件有关多层层压板的发明专利申请,其原申请文件中描述了几种不同的层状安排的实施方式,其中一种结构是外层为聚乙烯。如果申请人修改说明书,将外层的聚乙烯改变为聚丙烯,那么,这种修改是不允许的。因为修改后的层压板完全不同于原来记载的层压板。

(八) 不允许的删除

不能允许删除某些内容的修改,包括下述几种:

①从独立权利要求中删除在原申请中明确认定为发明的必要技术特征的那些技术特征,即删除在原说明书中始终作为发明的必要技术特征加以描述的那些技术特征;或者从权利要求中删除一个与说明书记载的技术方案有关的技术术语;或者从权利要求中删除在说明书中明确认定的关于具体应用范围的技术特征。

②从说明书中删除某些内容而导致修改后的说明书超出了原说明书和权利要求书记载的范围。

(九) 修改的具体形式

说明书或者权利要求书的修改部分,应当按照规定格式提交替换页。替换页的提交有两种方式:

①提交重新打印的替换页和修改对照表。

②提交重新打印的替换页和在原文复制件上做出修改的对照页。

(十) 审查员依职权修改

国防专利局可以自行修改专利申请文件中文字和符号的明显错误。国防专利局自行修改的,应当通知申请人。

对于申请文件中个别文字、标记的修改或者增删及对发明名称或者摘要的明显错误的修改,审查员可以依职权进行,并通知申请人。

在发出授予专利权的通知书前,允许审查员对准备授权的文本依职权做如下的修改:

①说明书方面:修改明显不适当的发明名称和/或发明所属技术领域;改正错别字、错误的符号、标记等;修改明显不规范的用语;增补说明书各部分所遗

漏的标题；删除附图中不必要的文字说明等。

②权利要求书方面：改正错别字、错误的标点符号、错误的附图标记、附图标记增加括号。但是，可能引起保护范围变化的修改，不属于依职权修改的范围。

③摘要方面：修改摘要中不适当的内容及明显的错误。

六、驳回决定和授予专利权的通知

（一）驳回申请的条件

审查员在做出驳回决定之前，应当将其经实质审查认定申请属于《细则》第五十三条规定的应予驳回情形的事实、理由和证据通知申请人，并给申请人至少一次陈述意见和/或修改申请文件的机会。

驳回决定一般应当在第二次审查意见通知书之后才能做出。但是，如果申请人在第一次审查意见通知书指定的期限内未针对通知书指出的可驳回缺陷提出有说服力的意见陈述和/或证据，也未针对该缺陷对申请文件进行修改或者修改仅是改正了错别字或更换了表述方式而技术方案没有实质上的改变，则审查员可以直接做出驳回决定。

（二）驳回的种类

《细则》第五十三条规定的驳回发明专利申请的情形如下：

①专利申请的主题违反法律、社会公德或者妨害公共利益，或者申请的主题是违反法律、行政法规的规定获取或者利用遗传资源，并依赖该遗传资源完成的，或者申请的主题属于《专利法》第二十五条规定的不授予发明专利权的客体。

②专利申请不是对产品、方法或者其改进所提出的新的技术方案。

③专利申请所涉及的发明在中国完成，且向外国申请专利前未报经专利局进行保密审查的。

④专利申请的发明不具备新颖性、创造性或实用性。

⑤专利申请没有充分公开请求保护的主题，或者权利要求未以说明书为依据，或者权利要求未清楚、简要地限定要求专利保护的范围。

⑥专利申请是依赖遗传资源完成的发明创造，申请人在专利申请文件中没有说明该遗传资源的直接来源和原始来源；对于无法说明原始来源的，也没有陈述理由。

⑦专利申请不符合专利法关于发明专利申请单一性的规定。

⑧专利申请的发明是依照《专利法》第九条规定不能取得专利权的。

⑨独立权利要求缺少解决技术问题的必要技术特征。

⑩申请的修改或者分案的申请超出原说明书和权利要求书记载的范围。

第五节 国防专利期限、程序的终止及费用

一、专利期限

本部分讲解《审查指南》第五部分第七章第 1～5 小节有关期限的规定,并归纳总结常见的期限。

(一) 期限的种类

1. 法定期限

法定期限是指《专利法》及《细则》规定的各种期限。常见的法定期限有:

①不丧失新颖性:申请日以前 6 个月内。要求不丧失新颖性的,应当在提出专利申请时声明,并自申请之日起 2 个月内提交有关证明文件。

②优先权期限:发明在第一次提出专利申请之日起 12 个月内;外观设计在第一次提出专利申请之日起 6 个月内。

③办理优先权手续的期限:申请时提出书面声明,并在 3 个月内提交第一次提出的专利申请文件的副本。

④发明专利申请经初步审查合格的,自申请日(优先权日)起满 18 个月即行公布。

⑤实质审查:自申请日(优先权日)起 3 年内。

⑥提出主动修改的期限:发明专利申请人在提出实质审查时以及在收到国务院专利行政部门发出的发明专利申请进入实质审查阶段的通知之日起 3 个月内,可以对发明专利申请主动提出修改。

⑦国务院专利行政部门发出授予专利权的通知书后,申请人应当自收到通知之日起 2 个月内办理登记手续。

⑧复审请求:专利申请人对驳回申请的决定不服的,可以自收到通知之日起 3 个月内向专利复审委员会请求复审;对专利复审委员会宣告专利权无效或者维持专利权的决定不服的,可以自收到通知之日起 3 个月内向人民法院起诉。

⑨国防专利权的期限为 15 年,自申请日起计算。

2. 指定期限

指定期限是指审查员在根据《专利法》及《细则》做出的各种通知中,规定申请人(或专利权人)、其他当事人做出答复或者进行某种行为的期限。

发明专利申请的实质审查程序中,申请人答复第一次审查意见通知书的期限为 4 个月,答复其他通知书期限为 2 个月。

（二） 期限的计算

1. 期限的起算日

（1） 自申请日、优先权日、授权公告日等固定日期起计算

大部分法定期限是自申请日、优先权日、授权公告日等固定日期起计算的。

例如，专利权的期限自申请日起计算；要求外国优先权的发明专利申请应当在 12 个月内提出，该期限的起算日为在外国第一次提出专利申请之日（优先权日）。

（2） 自通知和决定的推定收到日起计算

全部指定期限和部分法定期限自通知和决定的推定收到日起计算。例如，审查员根据《专利法》第三十七条的规定指定申请人陈述意见或者修改其申请的期限（指定期限）是自申请人收到审查意见通知书之日起计算；《细则》第五十四条第一款规定的申请人办理登记手续的期限（法定期限）是自申请人收到授予专利权通知之日起计算。

推定收到日为自国防专利局发出文件之日（该日期记载在通知和决定上）起满 15 日。例如，专利局于 2001 年 7 月 4 日发出的通知书，其推定收到日为 2001 年 7 月 19 日。

2. 期限的届满日

期限起算日加上法定或者指定的期限即为期限的届满日。相应的行为应当在期限届满日之前、最迟在届满日当天完成。

3. 期限的计算方法

期限的第一日（起算日）不计算在期限内。期限以年或者月计算的，以其最后一月的相应日（与起算日相对应的日期）为期限届满日；该月无相应日的，以该月最后一日为期限届满日。

例如，一件发明专利申请的申请日为 1998 年 6 月 1 日，其实质审查请求期限的届满日应当是 2001 年 6 月 1 日。又如，国防专利局于 2008 年 6 月 6 日发出审查意见通知书，指定期限 2 个月，其推定收到日是 2008 年 6 月 21 日（遇休假日不顺延），则期限届满日应当是 2008 年 8 月 21 日。

期限届满日是法定休假日或者移用周休息日的，以法定休假日或者移用周休息日后的第一个工作日为期限届满日，该第一个工作日为周休息日的，期限届满日顺延至周一。

（三） 期限的延长

当事人因正当理由不能在期限内进行或者完成某一行为或者程序时，可以请求延长期限。

1. 延长期限请求的适用

可以请求延长的期限仅限于指定期限。但在无效宣告程序中，国防专利复审

委员会指定的期限不得延长。

2. 延长期限请求的提出时间及费用

请求延长期限的，应当在期限届满前提交延长期限请求书，说明理由，并缴纳延长期限请求费。

延长期限请求费以月计算。

延长期限请求费应当在相应期限届满之前缴纳。

3. 延长期限请求的批准

延长期限请求由做出相应通知和决定的部门或者流程管理部门进行审批。

延长的期限不足1个月的，以1个月计算。延长的期限不得超过2个月。对同一通知或者决定中指定的期限一般只允许延长一次。

（四）权利的恢复

权利的恢复是指因法定事由耽误期限导致权利丧失的，可以在一定期限内请求恢复权利。《细则》第六条规定了权利恢复的类型和条件，《审查指南》第五部分第七章第1小节做出了更为详细的规定。

1. 适用范围

（1）因不可抗力恢复权利

当事人因不可抗拒的事由而延误《专利法》或《细则》规定的期限或者国防专利局指定的期限，导致其权利丧失的，自障碍消除之日起2个月内，最迟自期限届满之日起2年内，可以向国防专利局请求恢复权利。

因不可抗力延误期限，导致权利丧失，提出恢复权利请求包括以下条件：

①导致权利丧失的条件是不可抗拒的事由，例如地震、洪水、海啸等自然灾害。

②耽误的期限包括法定期限和指定期限。

③时间限制是障碍消除之日起2个月内提出恢复请求，最迟自期限届满之日起2年。

（2）因正当理由恢复权利

当事人因其他正当理由延误《专利法》或者《细则》规定的期限或者国防专利局指定的期限，导致其权利丧失的，可以自收到国防专利局的通知之日起2个月请求恢复权利。

因正当延误期限导致权利丧失，提出恢复权利请求包括以下条件：

①导致延误期限的原因是除不可抗力以外的其他理由，例如邮路不畅，无法联络到申请人等。

②耽误的期限包括法定期限和指定期限。

③自收到国防专利局的丧失权利通知之日起2个月内请求恢复权利。

（3）不可恢复的期限

不丧失新颖性的宽限期、优先权期限、专利权期限和侵权诉讼时效这四种期限被耽误而造成的权利丧失（包括不可抗力和正当理由），不能请求恢复权利。

2. 请求恢复权利的手续

当事人依照上述规定请求恢复权利的，应当提交恢复权利请求书，说明理由，必要时附具有关证明文件，并办理权利丧失前应当办理的相应手续。

以其他正当理由请求恢复权利的，还应当缴纳恢复权利请求费。

3. 优先权的恢复（《审查指南》第一部分第一章第6.2.5节）

要求优先权的期间不能恢复，但是因其他原因造成视为未要求优先权的，可以请求恢复。视为未要求优先权并属于下列情形之一的，申请人可以请求恢复要求优先权：

①由于未在指定期限内答复办理手续补正通知书导致视为未要求优先权。

②要求优先权声明中至少一项内容填写正确，但未在规定的期限内提交在先申请文件副本或者优先权转让证明。

③要求优先权声明中至少一项内容填写正确，但未在规定期限内缴纳或者缴足优先权要求费。

④分案申请的原申请要求了优先权，但申请人提出分案时，未在请求书中填写优先权的信息。

除以上情形外，其他原因造成被视为未要求优先权的，不予恢复。例如，由于提出专利申请时未在请求书中提出声明而被视为未要求优先权的，不予恢复要求优先权的权利。

二、中止程序

《审查指南》第五部分第七章第7小节对中止程序做了详细规定。中止，是指当地方知识产权管理部门或者人民法院受理了专利申请权（或专利权）权属纠纷，或者人民法院裁定对专利申请权（或专利权）采取财产保全措施时，专利局根据权属纠纷的当事人的请求或者人民法院的要求中止有关程序的行为。

（一）中止程序发生的两种情况

1. 因权属纠纷请求中止

专利权人或者申请人与其他人发生权属纠纷，权属纠纷案件已经由地方知识产权管理部门或者人民法院受理，专利局根据权属纠纷当事人的请求中止有关程序。

2. 因财产保全要求中止

专利权人与他人发生财产纠纷，他人请求法院对专利权人的财产进行保全，人民法院裁定对专利申请权（专利权）采取财产保全措施，法院要求中止有关程序。

(二) 提出中止的主体

1. 因权属纠纷请求中止

因权属纠纷而请求中止的，专利申请权（或专利权）权属纠纷的当事人提出请求中止。

2. 因财产保全要求中止

因财产保全而要求中止的，对专利申请权（或专利权）采取财产保全措施的人民法院要求中止。

(三) 中止的范围

①暂停专利申请的初步审查、实质审查、复审、授予专利权和专利权无效宣告程序。
②暂停视为撤回专利申请、视为放弃取得专利权、未缴年费终止专利权等程序。
③暂停办理撤回专利申请、放弃专利权、变更申请人（或专利权人）的姓名或者名称、转移专利申请权（或专利权）、专利权质押登记等手续。

中止请求批准前已进入公布或者公告准备的，该程序不受中止的影响。

(四) 请求中止的手续和审批

1. 权属纠纷的当事人请求的中止

①提交中止程序请求书。
②附具证明文件，即地方知识产权管理部门或者人民法院的写明专利申请号（或专利号）的有关受理文件正本或者副本。

2. 因人民法院要求协助执行财产保全的中止

人民法院应当将对专利申请权（或专利权）进行财产保全的民事裁定书及协助执行通知书送达专利局。

(五) 中止的期限

1. 权属纠纷的当事人请求中止的期限

权属纠纷的当事人请求中止的，期限为自中止请求之日起1年。

有关专利申请权（或专利权）权属纠纷在中止期限1年内未能结案，需要继续中止程序的，请求人应当在中止期满前请求延长中止期限，并提交权属纠纷受理部门出具的说明尚未结案原因的证明文件。中止程序可以延长一次，延长的期限不得超过6个月。

2. 因协助执行财产保全而中止的期限

协助执行财产保全而执行中止程序的，中止期限为民事裁定书及协助执行通知书写明的财产保全期限。

人民法院要求继续采取财产保全措施的,应当在中止期限届满前将继续保全的协助执行通知书送达专利局,中止程序予以续展。

3. 涉及无效宣告程序的中止期限

对涉及无效宣告程序中的专利,应权属纠纷当事人请求的中止,中止期限不超过1年,中止期限届满国防专利局将自行恢复有关程序。

（六）中止结束

中止期限届满,专利局自行恢复有关程序。

1. 权属纠纷

国防专利局收到当事人、利害关系人、地方知识产权管理部门或者人民法院送交的调解书、裁定书或者判决书后,如果文件已生效,涉及权利人变更的,通知取得权利一方的当事人在收到通知书之日起3个月内办理著录项目变更手续,并补办在中止程序中应办而未办的其他手续。凡不涉及权利人变动的,国防专利局在收到发生法律效力的调解决定或判决书后,应当及时予以恢复。

2. 财产保全

中止期限届满,人民法院没有要求继续采取财产保全措施的,恢复有关程序,并对专利权的保全解除予以公告。

三、专利费用

（一）国防专利费用减缴

①个人费用减缴的规定：在《费用减缴请求书》中如实填写个人年收入情况,所在单位出具的年度收入证明,无固定工作的提交县级民政部门或乡镇人民政府（街道办事处）出具的经济困难情况证明。

②国有企事业单位或军队单位费用减缴的规定：在《费用减缴请求书》中如实填写经济困难情况,并附具上级主管部门或者任务来源机关出具的自筹经费或者项目经费不足的证明。

③企业费用减缴的规定：在《费用减缴请求书》中如实填写经济困难情况,并提供上年度企业所得税年度纳税申报表复印件。

（二）国防专利请求退款的手续

①可请求退款的情形：多缴、错缴、重缴（《细则》第九十四条第四款）,一通后主动撤回,可申请退50%的实审费（《财税〔2018〕37号》）。

②请求退款的时限：自缴费日起3年内提交退款请求。

③退款请求人：受缴款人委托的申请人,受缴款人委托的代理机构。

④需要提交的文件：意见陈述书,缴费收据原件（或盖公章或经公证的复印件）和汇款证明原件（或盖公章或经公证的复印件）。

⑤退款方式：通过邮局退款应写明收款人姓名或名称、详细地址及邮编、联系电话；通过银行退款应写明收款人账户名称、账号、开户行。

(三) 国防专利不予退款的情况

①对多缴、重缴、错缴的费用，当事人在自缴费日起3年后才提出退款请求。

②当事人不能提供错缴费用证据。

③用减缴请求被批准之前已经按照规定缴纳并使用的各种费用，当事人又请求退款。

(四) 请求费用转用的手续

①本申请号内的转用：由缴纳该款项的当事人在转换后费用的缴纳期限内，提交转用申请，并提交相应证明（汇款单原件或复印件，收据原件或复印件）。

②跨申请号的转用：缴纳该款项的当事人在本专利申请（专利）撤回或终止，并在另一专利申请（专利）的转换后费用的缴纳期限内，并附具相应证明（汇款单原件或复印件，收据原件或复印件）。

第六节　国防专利申请的撤回、专利权的授予和终止

本节讲述和国防专利申请程序有关的五个问题：专利申请的撤回、授权程序、专利权终止、放弃专利权以及专利文件的通知和送达。

一、撤回专利申请声明

撤回专利申请声明规定在《审查指南》第一部分第一章第6.6节。此部分需要掌握以下知识点：

(一) 撤回的时间

授予专利权之前，申请人随时可以主动要求撤回其专利申请。

(二) 提交文件

申请人撤回专利申请的，应当提交撤回专利申请声明，并附具全体申请人签字或者盖章同意撤回专利申请的证明材料，或者仅提交由全体申请人签字或者盖章的撤回专利申请声明。

委托专利代理机构的，撤回专利申请的手续应当由专利代理机构办理，并附具全体申请人签字或者盖章同意撤回专利申请的证明材料，或者仅提交由专利代理机构和全体申请人签字或者盖章的撤回专利申请声明。

(三) 条件

撤回专利申请不得附有任何条件。

(四) 处理

撤回专利申请声明不符合规定的，审查员应当发出视为未提出通知书；符合规定的，审查员应当发出手续合格通知书。撤回专利申请的生效日为手续合格通知书的发文日。

(五) 撤销声明

申请人无正当理由不得要求撤销撤回专利申请的声明；但在申请权非真正拥有人恶意撤回专利申请后，申请权真正拥有人（应当提交生效的法律文书来证明）可要求撤销撤回专利申请的声明。

(六) 特殊情况

撤回专利申请的声明是在专利申请进入公布准备后提出的，申请文件照常公布或者公告，但审查程序终止。

二、专利权的授予

《审查指南》第五部分第九章第 1 小节规定了专利权授予的相关手续。此部分重点掌握以下知识点：

(一) 专利权授予的程序

1. 授予专利权通知

发明专利申请经实质审查，没有发现驳回理由的，国防专利局应当做出授予专利权的决定。

2. 办理登记手续通知

在授予专利权之前，专利局应当发出授予专利权的通知书。国防专利局发出授予专利权通知书的同时，应当发出办理登记手续通知书，申请人应当在收到该通知之日起 2 个月内办理登记手续。

3. 登记手续

申请人在办理登记手续时，应当按照办理登记手续通知书中写明的费用金额缴纳专利登记费、授权当年（办理登记手续通知书中指明的年度）的年费、公告印刷费，同时还应当缴纳专利证书印花税。

4. 颁发专利证书、登记和公告授予专利权

申请人在规定期限之内办理登记手续的，国防专利局应当颁发专利证书，并同时予以登记和公告，专利权自公告之日起生效。

5. 视为放弃取得专利权的权利

国防专利局发出授予专利权的通知书和办理登记手续通知书后，申请人在规定期限内未办理登记手续的，视为放弃取得专利权。

(二) 专利证书

1. 专利证书的构成

专利证书由证书首页和专利单行本构成。

专利证书应当记载与专利权有关的重要著录事项、国防专利局印记、局长签字和授权公告日等。

2. 专利证书的数量

一件专利有两名以上专利权人的,根据共同权利人的请求,国防专利局可以颁发专利证书副本。对同一专利权颁发的专利证书副本数目不能超过共同权利人的总数。专利权终止后,专利局不再颁发专利证书副本。

颁发专利证书后,因专利权转移发生专利权人变更的,国防专利局不再向新专利权人或者新增专利权人颁发专利证书副本。

3. 专利证书的更换

国防专利权权属纠纷经地方知识产权管理部门调解或者人民法院调解或者判决后,专利权归还请求人的,在该调解或者判决发生法律效力后,当事人可以在办理变更专利权人手续合格后,请求国防专利局更换专利证书。专利证书损坏的,专利权人可以请求更换专利证书。专利权终止后,国防专利局不再更换专利证书。因专利权的转移、专利权人更名发生专利权人姓名或者名称变更的,均不予更换专利证书。

4. 专利证书的补发

专利证书遗失的,除国防专利局的原因造成的以外,不予补发。

(三) 专利登记簿

1. 专利登记簿的建立

国防专利局授予专利权时应当建立专利登记簿。专利登记簿登记的内容包括:专利权的授予,专利申请权、专利权的转移,保密专利的解密,专利权的无效宣告,专利权的终止,专利权的恢复,专利权的质押、保全及其解除,专利实施许可合同的备案,专利实施的强制许可以及专利权人姓名或者名称、国籍、地址的变更。

上述事项一经做出即在专利登记簿中记载,专利登记簿登记的事项以数据形式储存于数据库中,制作专利登记簿副本时,按照规定的格式打印而成,加盖证件专用章后生效。

2. 专利登记簿的效力

授予专利权时,专利登记簿与专利证书上记载的内容是一致的,在法律上具有同等效力;专利权授予之后,专利的法律状态的变更仅在专利登记簿上记载,由此导致专利登记簿与专利证书上记载的内容不一致的,以专利登记簿上记载的法律状态为准。

3. 专利登记簿副本

专利登记簿副本依据专利登记簿制作。专利权授予公告之后,任何人都可以向专利局请求出具专利登记簿副本。

三、专利权的终止

(一) 终止的情形

《专利法》第四十四条规定了专利权在以下情形下终止:
①专利权期限届满终止。
②没有按照规定缴纳年费。
③专利权人以书面声明放弃其专利权。

专利权在期限届满前终止的,由国防专利局登记和公告。

在实践中专利权被宣告无效不属于终止的情况。专利被宣告无效是自始无效,专利终止是自一定期限起专利失去效力。

(二) 专利权期满的计算

国防发明专利权的期限为15年,自申请日起计算(与优先权日无关)。

例如,一件发明专利的申请日是1999年9月6日,该专利的期限为1999年9月6日至2009年9月5日,专利权期满终止日为2009年9月6日(遇节假日不顺延)

专利权期满时应当及时在专利登记簿和《国防专利内部通报》上分别予以登记和公告。

(三) 未缴纳年费的终止

1. 年费

授予专利权当年的年费应当在办理登记手续的同时缴纳,以后的年费应当在上一年度期满前缴纳。

2. 年度的计算

国防专利年度从申请日起算,与优先权日、授权日无关,与自然年度也没有必然联系。例如,一件专利申请的申请日是1999年6月1日,该专利申请的第一年度是1999年6月1日至2000年5月31日,第二年度是2000年6月1日至2001年5月31日,以此类推。

3. 年费缴纳期限

缴费期限届满日是申请日在该年的相应日。例如,一件专利申请的申请日是

1997年6月3日，如果该专利申请于2001年8月1日被授予专利权（授予专利权公告之日），申请人在办理登记手续时已缴纳了第五年度年费，那么该专利权人最迟应当在2002年6月3日按照第六年度年费标准缴纳第六年度年费。

4. 滞纳金

专利权人未按时缴纳年费（不包括授予专利权当年的年费）或者缴纳的数额不足的，可以在年费期满之日起6个月内补缴，补缴时间超过规定期限但不足1个月时，不缴纳滞纳金。补缴时间超过规定时间1个月或以上的，须缴纳滞纳金。

5. 终止

专利年费滞纳期满仍未缴纳或者缴足专利年费或者滞纳金的，专利权自应当缴纳年费期满之日起终止。

四、放弃

《审查指南》第五部分第九章第2.3节规定了专利权人放弃专利的手续。此部分知识点如下：

（一）放弃的时间

授予专利权后，专利权人随时可以主动要求放弃专利权。

（二）提交材料

专利权人放弃专利权的，应当提交放弃专利权声明，并附具全体专利权人签字或者盖章同意放弃专利权的证明材料，或者仅提交由全体专利权人签字或者盖章的放弃专利权声明。委托专利代理机构的，放弃专利权的手续应当由专利代理机构办理，并附具全体申请人签字或者盖章的同意放弃专利权声明。

（三）条件

主动放弃专利权的声明不得附有任何条件。

放弃专利权只能放弃一件专利的全部，放弃部分专利权的声明视为未提出。

（四）生效

放弃专利权声明的生效日为手续合格通知书的发文日。

（五）撤销

专利权人无正当理由不得要求撤销放弃专利权的声明。除非在专利权非真正拥有人恶意要求放弃专利权后，专利权真正拥有人（应当提供生效的法律文书来证明）可要求撤销放弃专利权声明。

第七节　普通专利的保密申请与国防专利的保密审查

保密申请和向国外申请专利的保密审查是既有联系又有区别的两类程序，在实践中很容易混淆。需牢记两类保密涉及的范围与处理流程。本节涉及《审查指南》第五部分第五章的规定。

一、保密申请

《专利法》第四条规定，保密申请包括涉及国家安全或者重大利益两个方面的发明创造。其中，涉及国家安全的发明创造包括涉及国防利益的发明创造和涉及国防利益以外的发明创造。

涉及国防利益需要保密的专利申请，由国防专利局进行审查，经审查没有发现驳回理由的，由专利局根据国防专利局的审查意见做出授予国防专利权的决定。

涉及国防利益以外的国家安全或者重大利益需要保密的发明专利申请，由专利局进行审查和管理。

二、国家专利局的保密审查

涉及国防利益以外的国家安全或者重大利益需要保密的发明专利申请，由专利局按照以下程序进行审查和管理。

（一）专利申请的保密确定

1. 申请人提出保密请求

申请人认为其发明专利申请涉及国家安全或者重大利益需要保密的，应当在提出专利申请的同时，在请求书上做出要求保密的表示，其申请文件应当以纸件形式提交。申请人也可以在发明专利申请进入公布准备之前，提出保密请求。

2. 专利局自行进行的保密确定

分类审查员在对发明专利申请进行分类时，应当将发明内容可能涉及国家安全或者重大利益，但申请人未提出保密请求的发明专利申请挑选出来。

（二）保密专利申请的审批流程

对于发明专利申请，初步审查和实质审查按照与一般发明专利申请相同的基准进行。初步审查合格的保密专利申请不予公布，实质审查请求符合规定的，直接进入实质审查程序。经实质审查没有发现驳回理由的，做出授予保密发明专利权的决定，并发出授予发明专利权通知书和办理登记手续通知书。

保密专利申请的授权公告仅公布专利号、申请日和授权公告日。

(三) 专利申请（或专利）的解密程序

1. 申请人（或专利权人）提出解密请求

保密专利申请的申请人或者保密专利的专利权人可以书面提出解密请求。

2. 专利局定期解密

专利局每2年对保密专利申请（或专利）进行一次复查，经复查认为不需要继续保密的，通知申请人予以解密。

3. 解密后的处理

发明专利申请解密后，尚未被授予专利权的，按照一般专利申请进行审查和管理。发明专利解密后，应当进行解密公告、出版发明专利单行本，并按照一般专利进行管理。

发明专利解密后，应当进行解密公告、出版发明专利单行本，并按照一般专利进行管理。

三、国防专利的审查规定

(一) 国防专利审查机构

1. 受理和审查机构（《细则》第七条第一款）

专利申请涉及国防利益需要保密的，由国防专利机构受理并进行审查。

国务院专利行政部门受理的专利申请涉及国防利益需要保密的，应当及时移交国防专利机构进行审查。

经国防专利机构审查没有发现驳回理由的，由国务院专利行政部门做出授予国防专利权的决定。

2. 复审和无效

国防专利机构设立国防专利复审委员会，负责国防专利的复审和无效宣告工作。

(二) 国防代理机构

需要委托专利代理机构申请国防专利和办理其他国防专利事务的，应当委托国防专利机构指定的专利代理机构办理。专利代理机构及其工作人员对在办理国防专利申请和其他国防专利事务过程中知悉的国家秘密，负有保密义务。

(三) 送交文件

国防专利申请人应当按照国防专利机构规定的要求和统一格式撰写申请文件，并亲自送交或者经过机要通信以及其他保密方式传交国防专利机构，不得按普通函件邮寄。

(四) 对申请文件的修改

国防专利申请人在自申请日起 6 个月内或者在对第一次审查意见通知书进行答复时，可以对其国防专利申请主动提出修改。

(五) 国防专利的转让

国防专利申请权和国防专利权经批准可以向国内的中国单位和个人转让。

禁止向国外的单位和个人以及在国内的外国人和外国机构转让国防专利申请权和国防专利权。

第八节　优先审查及密级变更

本节集中讲述其他手续性事宜，包括优先审查和密级变更。

一、优先审查

装电〔2013〕453 号《关于国防专利申请优先进入审查实施程序的通知》中提出，加快重大国防发明专利的申请审批进度，满足国防和军队建设创新发展的需要。

(一) 办理要点

①专利申请的背景属于"863 计划"等重大专项任务、重大武器装备型号研制攻关、军援军贸以及对外军事技术合作急需及其他对国防安全具有重大意义的项目。

②自申请之日起满 9 个月。

③本部门优先审查的名额未用完（实行总量控制：部门名额总量不超过该部门上一年度申请量的 5%）。

④提交文件《国防专利申请优先进入审查程序请求书》和《国防专利申请优先进入审查程序承诺书》。

⑤在《国防专利申请优先进入审查程序承诺书》中应承诺："在本国防专利申请获得授权后，如出现与其他在先国防专利申请或普通专利申请相抵触情形时，自愿无条件放弃专利权。"

(二) 注意事项

①经批准进入优先审查程序的国防专利申请，在实审阶段发现与在先国防专利申请相冲突时，自动终止优先审查，转入正常审查程序，并由国防知识产权局通知申请人。

②《国防专利申请优先进入审查程序请求书》中申请号、发明名称、第一

署名申请人与案件记载的应当一致；

③《国防专利申请优先进入审查程序承诺书》需要全体申请人签字或盖章。

④请求书第 3 项的勾选项需要勾选、既要签字也需签章、盖章单位应与请求人一致。

⑤部门审核意见应由国务院有关部门、直属事业机构科研管理机关，各军兵种装备部、总部分管有关装备的部门或军队其他各大单位装备机关，军工集团公司，工程物理研究院，各省、自治区、直辖市国防科技工业主管部门等的主要领导签署并加盖单位公章。

二、密级变更与解密

（一）密级变更

《中华人民共和国保守国家秘密法》第一十八条规定，国家秘密的密级、保密期限和知悉范围应当根据情况变化及时变更。国防专利申请人或者专利权人应当根据情况变化，及时变更国防专利申请文件或者国防专利文件的密级、保密期限。

1. 办理要点

①国防专利申请文件或者国防专利文件需要变更密级、保密期限的，其国防专利申请人或者专利权人应当自定密机关、单位做出变更决定之日起 30 日内，向国防知识产权局提交《国防专利密级变更证明》；

②表格填写项：变更项目（密级/保密期限/解密条件），申请人或专利权人签章，定密机关、单位的联系人及联系方式，原定密机关、单位盖章。

2. 注意事项

①密级变更证明需要使用统一的模板，其中的专利号、发明名称应当与案件中记载的一致。

②经过审核，会发出《国防专利密级变更审批通知书》，告知是否予以密级变更。

（二）解密请求

《中华人民共和国保守国家秘密法》第一十九条第二款规定，机关、单位应当定期审核所确定的国家秘密，对在保密期限内因保密事项范围调整不再作为国家秘密事项，或者公开后不会损害国家安全和利益，不需要继续保密的，应当及时解密，提前解密或者延长保密期限的，由原定密机关、单位决定，也可以由其上级机关决定。

《国防专利条例》第六条第二款规定，国防专利权人可以向国防专利机构提出变更密级、解密或者延长保密期限的书面申请，属于国有企事业单位或者军队单位的，应当附送原确定密级和保密期限的机关、单位或者其上级机关的意见。

1. 办理要点

提交《国防专利解密请求书》，证明材料《解密意见》。

2. 注意事项

①解密请求书需要使用统一的模板，请求书中的专利号、发明名称应当与案件中记载的一致。

②距离专利权终止日不足5个月的需要提前缴纳年费（为避免解密公告前专利权终止，损害专利权人的利益，因此年费应缴至距离专利权终止日5个月以上）。

③解密请求书经过审核，会发出《国防专利解密审批通知书》，告知是否予以解密。

④予以解密且符合出版条件，会发出《解密国防专利文件移交国家知识产权局通知书》，收到该通知之日前，已向国防知识产权局提交的各种文件和缴纳的各项费用在有效期内继续有效。尚未提交的各种文件和尚未缴纳的各项费用，应当按照国家知识产权局的有关规定和标准，向国家知识产权局提交或缴纳。自收到本通知之日起，仍然向国防知识产权局提交文件或缴纳费用的，国防知识产权局将予以退回；而国家知识产权局将视为未提出或未缴纳。

⑤予以解密但不符合出版条件，部分情况审查员可依职权修改，其他情况需要申请人配合修改，进行授权更正，合格后再次进行解密移交。

（三）保密期限届满决定答复

国防专利文件保密期限届满前60日，国防专利权人未通知国防知识产权局解密的，由国防知识产权局通知国防专利权人提交《国防专利保密期限届满处理决定答复书》。国防专利权人应当自收到通知之日起30日内，就国防专利文件解密或者延长保密期限等事项做出答复。

1. 办理要点

①应当在收到《国防专利保密期限届满通知书》之日起30日内做出答复。
②全体专利权人签章。
③填写定密单位联系人和联系电话。
④定密单位盖章。

第四章 国防专利的复审和无效

国防知识产权局设立国防专利复审委员会，该委员会由有经验的技术专家和法律专家组成，其主任委员由国防专利局局长兼任。

第一节 复审无效总则及复审审理程序

一、复审无效总则

本部分涉及《审查指南》第四部分第一章的重点内容。

(一) 国防专利复审委员会的设立和任务

国防专利复审委员会的任务包括：

①对复审请求进行受理和审查，并做出决定。复审请求案件包括对初步审查和实质审查程序中驳回专利申请的决定不服而请求复审的案件。

②对专利权无效宣告请求进行受理和审查，并做出决定。

③当事人对国防专利复审委员会的决定不服，依法向人民法院起诉的，国防专利复审委员会可出庭应诉。

(二) 审查原则

1. 合法原则

国防专利复审委员会应当依法行政，复审请求案件（简称"复审案件"）和无效宣告请求案件（简称"无效宣告案件"）的审查程序和审查决定应当符合法律、法规、规章等有关规定。

2. 公正执法原则

3. 请求原则

复审程序和无效宣告程序均应当基于当事人的请求启动。

4. 依职权审查原则

国防专利复审委员会可以对所审查的案件依职权进行审查，而不受当事人请求的范围和提出的理由、证据的限制。

5. 听证原则

在做出审查决定之前，应当给予审查决定对其不利的当事人针对审查决定所依据的理由、证据和认定的事实陈述意见的机会。

(三) 审查方式

国防专利复审委员会应当组成合议组合议审查案件。

1. 合议组的组成形式

(1) 独任审查

对于简单的案件，可以由一人独任审查。

(2) 三人合议组

一般情况下，由三人组成合议组，其中组长一人、主审员一人、参审员一人。

(3) 五人合议组

对下列案件，应当组成五人合议组：

①在国内或者国外有重大影响的案件。

②涉及重要疑难法律问题的案件。

③涉及重大经济利益的案件。

2. 合议组的组成

国防专利复审委员会做出维持专利权有效或者宣告专利权部分无效的审查决定以后，同一请求人针对该审查决定涉及的专利权以不同理由或者证据提出新的无效宣告请求的，做出原审查决定的主审员不再参加该无效宣告案件的审查工作。

对于审查决定被人民法院的判决撤销后重新审查的案件，一般应当重新成立合议组。

3. 合议组审查意见的形成

合议组依照少数服从多数的原则，对复审或者无效宣告案件的审查所涉及的证据是否采信、事实是否认定以及理由是否成立等进行表决，做出审查决定。

(四) 回避

《细则》第三十七条规定，在初步审查、实质审查、复审和无效宣告程序中，实施审查和审理的人员有下列情形之一的，应当自行回避，当事人或者其他利害关系人可以要求其回避：

①是当事人或者其代理人的近亲属的。

②与专利申请或者专利权有利害关系的。

③与当事人或者其代理人有其他关系，可能影响公正审查和审理的。

④专利复审委员会成员曾参与原申请的审查的。

第①项中的近亲属包括配偶、父母、子女、兄弟姐妹、祖父母、外祖父母、孙子女、外孙子女和其他具有扶养、赡养关系的亲属。

复审和无效程序中，当事人请求合议组成员回避的或者认为代理人不符合上述规定的，应当以书面方式提出，并且说明理由，必要时附具有关证据。专利复审委员会对当事人提出的请求，应当以书面方式做出决定，并通知当事人。

二、复审请求的审查

本部分涉及《审查指南》第四部分第二章的重点内容。

（一）复审程序的性质

复审程序是因申请人对驳回决定不服而启动的救济程序，同时也是专利审批程序的延续。因此，一方面，专利复审委员会一般仅针对驳回决定所依据的理由和证据进行审查，不承担对专利申请全面审查的义务；另一方面，为了提高专利授权的质量，避免不合理地延长审批程序，专利复审委员会可以依职权对驳回决定未提及的明显实质性缺陷进行审查。

（二）复审请求的形式审查

1. 复审请求客体

对专利局做出的驳回决定不服的，专利申请人可以向国防专利复审委员会提出复审请求。复审请求不是针对国防专利局做出的驳回决定的，不予受理。

2. 复审请求人资格

①复审请求人应当是专利申请人。被驳回申请的申请人可以向国防专利复审委员会提出复审请求。复审请求人不是被驳回申请的申请人的，其复审请求不予受理。

②复审请求人应当是全部专利申请人。被驳回申请的申请人属于共同申请人的，如果复审请求人不是全部申请人，国防专利复审委员会应当通知复审请求人在指定期限内补正；期满未补正的，其复审请求视为未提出。

3. 期限

①收到国防专利局做出的驳回决定之日起 3 个月内，专利申请人可以向国防专利复审委员会提出复审请求；提出复审请求的期限不符合上述规定的，复审请求不予受理。

②提出复审请求的期限不符合上述规定，但在国防专利复审委员会做出不予受理的决定后复审请求人提出恢复权利请求的，如果该恢复权利请求符合有关恢复权利的规定，则允许恢复，且复审请求应当予以受理；不符合该有关规定的，不予恢复。

③提出复审请求的期限不符合上述规定，但在国防专利复审委员会做出不予受理的决定前复审请求人提出恢复权利请求的，可对上述两请求合并处理。

4. 文件形式

复审请求人应当提交复审请求书，说明理由，必要时还应当附具有关证据。

复审请求书应当符合规定的格式，不符合规定格式的，国防专利复审委员会应当通知复审请求人在指定期限内补正；期满未补正或者在指定期限内补正但经两次补正后仍存在同样缺陷的，复审请求视为未提出。

5. 费用

复审请求人在收到驳回决定之日起 3 个月内提出复审请求，但在此期限内未缴纳或者未缴足复审费的，其复审请求视为未提出。

6. 委托手续

①复审请求人在复审程序中委托专利代理机构，且委托书中写明其委托权限仅限于办理复审程序有关事务的，其委托手续或者解除、辞去委托的手续应当在专利复审委员会办理，无须办理著录项目变更手续。

②复审请求人与多个专利代理机构同时存在委托关系的，应当以书面方式指定其中一个专利代理机构作为收件人。

③涉外主体作为第一署名人未委托专利代理机构的，其复审请求不予受理。

7. 形式审查通知书

①复审请求经形式审查不符合《专利法》及《细则》和《审查指南》有关规定需要补正的，专利复审委员会应当发出补正通知书，要求复审请求人在收到通知书之日起 15 日内补正。

②复审请求视为未提出或者不予受理的，专利复审委员会应当发出复审请求视为未提出通知书或者复审请求不予受理通知书，通知复审请求人。

③复审请求经形式审查符合《专利法》及《细则》和审查指南有关规定的，专利复审委员会应当发出复审请求受理通知书，通知复审请求人。

（三）前置审查（《细则》第六十二条）

复审请求受理后，专利复审委员会应当将经形式审查合格的复审请求书（包括附具的证明文件和修改后的申请文件）连同案卷一并转交做出驳回决定的原审查部门进行前置审查。

原审查部门应当提出前置审查意见，做出前置审查意见书。

前置审查意见同意撤销驳回决定的，国防专利复审委员会不再进行合议审查，由原审查部门继续进行审批程序。坚持驳回决定的，国防专利复审委员会将成立合议组进行合议审查。

（四）复审请求的合议审查

1. 理由和证据的审查

在复审程序中，合议组一般仅针对驳回决定所依据的理由和证据进行审查。

除驳回决定所依据的理由和证据外，合议组发现审查文本中存在下列缺陷的，可以对与之相关的理由及其证据进行审查，并且经审查认定后，应当依据该理由及其证据做出维持驳回决定的审查决定：

①足以用在驳回决定做出前已告知过申请人的其他理由及其证据予以驳回的缺陷。

②驳回决定未指出的明显实质性缺陷或者与驳回决定所指出缺陷性质相同的缺陷。

例如，驳回决定指出权利要求 1 不具备创造性，经审查认定该权利要求请求保护的明显是永动机时，合议组应当以该权利要求不符合《专利法》第二十二条第四款的规定为由做出维持驳回决定的复审决定。

又如，驳回决定指出权利要求 1 因存在含义不确定的用语，导致保护范围不清楚，合议组发现权利要求 2 同样因存在此类用语而导致保护范围不清楚时，应当在复审程序中一并告知复审请求人；复审请求人的答复未使权利要求 2 的缺陷被克服的，合议组应当以不符合《专利法》第二十六条第四款的规定为由做出维持驳回决定的复审决定。

在合议审查中，合议组可以引入所属技术领域的公知常识，或者补充相应的技术词典、技术手册、教科书等所属技术领域中的公知常识性证据。

2. 修改文本的审查

在提出复审请求、答复复审通知书（包括复审请求口头审理通知书）或者参加口头审理时，复审请求人可以对申请文件进行修改。但是，所做修改应当符合《专利法》第三十三条和《细则》第六十一条第一款的规定（根据《细则》第六十一条第一款的规定，复审请求人对申请文件的修改应当仅限于消除驳回决定或者合议组指出的缺陷）。下列情形通常不符合上述规定：

①修改后的权利要求相对于驳回决定针对的权利要求扩大了保护范围。

②将与驳回决定针对的权利要求所限定的技术方案缺乏单一性的技术方案作为修改后的权利要求。

③改变权利要求的类型或者增加权利要求。

④针对驳回决定指出的缺陷未涉及的权利要求或者说明书进行修改。但修改明显文字错误，或者修改与驳回决定所指出缺陷性质相同的缺陷的情形除外。

在复审程序中，复审请求人提交的申请文件不符合《细则》第六十一条第一款规定的，合议组一般不予接受，并应当在复审通知书中说明该修改文本不能被接受的理由，同时对之前可接受的文本进行审查。

3. 审查方式

针对一项复审请求，合议组可以采取书面审理、口头审理或者书面审理与口头审理相结合的方式进行审查。

有下列情形之一的，合议组应当发出复审通知书（包括复审请求口头审理通知书）或者进行口头审理：

①复审决定将维持驳回决定。

②需要复审请求人修改申请文件，才有可能撤销驳回决定。

③需要复审请求人进一步提供证据或者对有关问题予以说明。

④需要引入驳回决定未提出的理由或者证据。

针对合议组发出的复审通知书，复审请求人应当在收到该通知书之日起1个月内针对通知书指出的缺陷进行书面答复；期满未进行书面答复的，其复审请求视为撤回。复审请求人提交无具体答复内容的意见陈述书的，视为对复审通知书中的审查意见无反对意见。

（五）复审请求审查决定的类型

复审请求审查决定（简称"复审决定"）分为下列三种类型：

①复审请求不成立，维持驳回决定。

②复审请求成立，撤销驳回决定。

撤销驳回决定包括以下情形：

a. 驳回决定适用法律错误的；

b. 驳回理由缺少必要的证据支持的；

c. 审查违反法定程序的，例如，驳回决定以申请人放弃的申请文本或者不要求保护的技术方案为依据；在审查程序中没有给予申请人针对驳回决定所依据的事实、理由和证据陈述意见的机会；驳回决定没有评价申请人提交的与驳回理由有关的证据，以至可能影响公正审理的；

d. 驳回理由不成立的其他情形。

③专利申请文件经复审请求人修改，克服了驳回决定所指出的缺陷，在修改文本的基础上撤销驳回决定。

（六）复审决定对原审查部门的约束力

复审决定撤销原审查部门做出的决定的，国防专利复审委员会应当将有关的案卷返回原审查部门，由原审查部门继续审批程序。

原审查部门应当执行国防专利复审委员会的决定，不得以同样的事实、理由和证据做出与该复审决定意见相反的决定。

（七）复审程序的终止

复审程序终止的情形如下：

①复审请求因期满未答复而被视为撤回的，复审程序终止。

②在做出复审决定前，复审请求人撤回其复审请求的，复审程序终止。

③已受理的复审请求因不符合受理条件而被驳回请求的，复审程序终止。

④复审决定做出后复审请求人不服该决定的，可以在收到复审决定之日起3

个月内向人民法院起诉；在规定的期限内未起诉或者人民法院的生效判决维持该复审决定的，复审程序终止。

(八) 司法救济

对复审委员会决定不服的，当事人应当自收到专利复审委员会做出的审查决定之日起 3 个月内向人民法院起诉。

不服国防专利复审委员会做出的审查决定向法院起诉的，由北京市知识产权法院管辖。

第二节　无效宣告请求审理程序

本节涉及《审查指南》第四部分第三章的重点内容。

一、无效宣告请求的性质

根据《专利法》第四十五条的规定，自国防专利局公告授予专利权之日起，任何单位或者个人认为该专利权的授予不符合本法有关规定的，可以请求国防专利复审委员会宣告该专利权无效。

无效宣告程序是专利公告授权后依当事人请求而启动的、通常为双方当事人参加的程序。

二、审查原则

在无效宣告程序中，除总则规定的原则外，国防专利复审委员会还应当遵循当事人处置原则和保密原则等。

(一) 当事人处置原则

当事人处置原则在无效程序中体现在以下方面：

①请求人可以放弃全部或者部分无效宣告请求的范围、理由及证据。对于请求人放弃的无效宣告请求的范围、理由和证据，专利复审委员会通常不再审查。

②在无效宣告程序中，当事人有权自行与对方和解。

③在无效宣告程序中，专利权人针对请求人提出的无效宣告请求主动缩小专利权保护范围且相应的修改文本已被专利复审委员会接受的，视为专利权人承认大于该保护范围的权利要求自始不符合《专利法》及《细则》的有关规定，并且承认请求人对该权利要求的无效宣告请求，从而免去请求人对宣告该权利要求无效这一主张的举证责任。

④在无效宣告程序中，专利权人声明放弃部分权利要求视为专利权人承认该

项权利要求自始不符合《专利法》及《细则》的有关规定，并且承认请求人对该项权利要求的无效宣告请求，从而免去请求人对宣告该项权利要求无效这一主张的举证责任。

（二）保密原则

在做出审查决定之前，合议组的成员不得私自将自己、其他合议组成员、负责审批的主任委员或者副主任委员对该案件的观点明示或者暗示给任何一方当事人。

为了保证公正执法和保密，合议组成员原则上不得与一方当事人会晤。

三、无效宣告请求的形式审查

专利复审委员会收到无效宣告请求书后，应当进行形式审查。

（一）无效宣告请求客体

1. 客体是已授权专利

无效宣告请求的客体应当是已经公告授权的专利，包括已经终止或者放弃（自申请日起放弃的除外）的专利。无效宣告请求不是针对已经公告授权的专利的，不予受理。

2. 未无效的部分可再次请求无效

国防专利复审委员会做出宣告专利权全部或者部分无效的审查决定后，当事人未在收到该审查决定之日起 3 个月内向人民法院起诉或者人民法院生效判决维持该审查决定的，针对已被该决定宣告无效的专利权提出的无效宣告请求不予受理。

（二）无效宣告请求的主体资格

①请求人应当具备民事诉讼主体资格，非法人单位（例如办事处、科研组等）不能作为无效请求人。

②如果无效理由是外观设计专利与在先合法权利冲突，请求人应当是在先权利人或者利害关系人（继承人或者被许可人）。

③专利权人可以针对自己的专利权提出无效请求，专利权人对自己的专利提出无效宣告请求的条件包括：

a. 不能请求宣告专利权全部无效；

b. 所提交的证据必须是公开出版物；

c. 如果有多个专利权人，必须多个专利权人共同作为请求人；

④一件无效宣告请求只能有一个请求人，多个权利人对自己的专利权宣告无效的除外。

(三) 无效宣告请求范围以及理由和证据

①无效宣告请求书中应当明确无效宣告请求范围，未明确的，国防专利复审委员会应当通知请求人在指定期限内补正；期满未补正的，无效宣告请求视为未提出。

②无效宣告理由仅限于《细则》第六十五条第二款规定的理由，并且应当以《专利法》及《细则》中有关的条、款、项作为独立的理由提出。无效宣告理由不属于《细则》第六十五条第二款规定的理由的，不予受理。

无效理由具体包括：

a. 发明创造不符合《专利法》第二条规定的发明；

b. 发明创造不符合《专利法》第二十条第一款规定的未经保密审查向外申请专利；

c. 发明不符合《专利法》第二十二条规定的新颖性、创造性、实用性；

d. 发明不符合《专利法》第二十六条第三款规定的说明书应当清楚、完整；

e. 发明不符合《专利法》第二十六条第四款规定的权利要求应当得到说明书的支持、清楚、简要；

f. 对发明创造的修改超范围，不符合《专利法》第三十三条的规定；

g. 发明不符合《细则》第二十条第二款规定的独立权利要求应当记载全部必要技术特征的规定；

h. 分案申请修改超范围，不符合《细则》第四十三条第一款的规定；

i. 发明创造不符合《专利法》第五条、第二十五条的规定；

j. 发明创造不符合《专利法》第九条规定的禁止重复授权的规定。

特别注意，权利要求缺少单一性、权利要求的引用关系不正确、未缴纳年费等不是无效理由。

③一事不再理。

对已做出审查决定的无效宣告案件涉及的专利权，以同样的理由和证据再次提出无效宣告请求的，不予受理和审理。

如果再次提出的无效宣告请求的理由（简称"无效宣告理由"）或者证据因时限等原因未被在先的无效宣告请求审查决定所考虑，则该请求不属于上述不予受理和审理的情形。

④请求人应当具体说明无效宣告理由。提交证据的，应当结合提交的所有证据具体说明。

对于发明专利需要进行技术方案对比的，应当具体描述涉案专利和对比文件中相关的技术方案，并进行比较分析。例如，请求人针对《专利法》第二十二条第三款的无效宣告理由提交多篇对比文件的，应当指明与请求宣告无效的专利最接近的对比文件以及单独对比还是结合对比的对比方式，具体描述涉案专利和对比文件的技术方案，并进行比较分析。如果是结合对比，存在两种或者两种以上结合方式的，应当指明具体结合方式。对于不同的独立权利要求，可以分别指明最接近的对比文件。

请求人未具体说明无效宣告理由的，或者提交有证据但未结合提交的所有证据具体说明无效宣告理由的，或者未指明每项理由所依据的证据的，其无效宣告请求不予受理。

（四）文件形式

无效宣告请求书及其附件应当一式两份，并符合规定的格式，不符合规定格式的，专利复审委员会应当通知请求人在指定期限内补正；期满未补正或者在指定期限内补正但经两次补正后仍存在同样缺陷的，无效宣告请求视为未提出。

（五）费用

请求人自提出无效宣告请求之日起1个月内未缴纳或者未缴足无效宣告请求费的，其无效宣告请求视为未提出。

（六）委托手续

①请求人或者专利权人在无效宣告程序中委托专利代理机构的，应当提交无效宣告程序授权委托书，即使专利权人此前已就其专利委托了在专利权有效期内的全程代理并继续委托该全程代理的机构的，也应当提交无效宣告程序授权委托书。

②对于涉外主体应当委托专利代理机构的请求人，未按规定委托的，其无效宣告请求不予受理。

③同一当事人与多个专利代理机构同时存在委托关系的，当事人应当以书面方式指定其中一个专利代理机构作为收件人。

④当事人可以委托公民代理。公民代理的权限仅限于在口头审理中陈述意见和接收当庭转送的文件。

⑤对于下列事项，代理人需要具有特别授权的委托书：

a. 专利权人的代理人代为承认请求人的无效宣告请求；

b. 专利权人的代理人代为修改权利要求书；

c. 代理人代为和解；

d. 请求人的代理人代为撤回无效宣告请求。

（七）形式审查通知书

①无效宣告请求经形式审查不符合规定需要补正的，专利复审委员会应当发出补正通知书，要求请求人在收到通知书之日起15日内补正。

②无效宣告请求视为未提出或者不予受理的，专利复审委员会应当发出无效宣告请求视为未提出通知书或者无效宣告请求不予受理通知书，通知请求人。

③无效宣告请求经形式审查符合有关规定的，专利复审委员会应当向请求人和专利权人发出无效宣告请求受理通知书，并将无效宣告请求书和有关文件副本转送专利权人，要求其在收到该通知书之日起1个月内答复。

四、无效宣告请求的合议审查

(一) 审查范围

1. 以请求为限

在无效宣告程序中,国防专利复审委员会通常仅针对当事人提出的无效宣告请求的范围、理由和提交的证据进行审查,不承担全面审查专利有效性的义务。

2. 只审查维持有效的部分

国防专利复审委员会做出宣告专利权部分无效的审查决定后,当事人未在收到该审查决定之日起 3 个月内向人民法院起诉或者人民法院生效判决维持该审查决定的,针对该专利权的其他无效宣告请求的审查以维持有效的专利权为基础。

3. 未具体说明的理由和证据不考虑

请求人在提出无效宣告请求时没有具体说明的无效宣告理由以及没有用于具体说明相关无效宣告理由的证据,且在提出无效宣告请求之日起 1 个月内也未补充具体说明的,国防专利复审委员会不予考虑。

4. 依职权引入公知常识

国防专利复审委员会可以依职权认定技术手段是否为公知常识,并可以引入技术词典、技术手册、教科书等所属技术领域中的公知常识性证据。

(二) 无效宣告理由的增加

①请求人在提出无效宣告请求之日起 1 个月内增加无效宣告理由的,应当在该期限内对所增加的无效宣告理由具体说明;否则,国防专利复审委员会不予考虑。

②请求人在提出无效宣告请求之日起 1 个月后增加无效宣告理由的,国防专利复审委员会一般不予考虑,但下列情形除外:

a. 针对专利权人以删除以外的方式修改的权利要求,在国防专利复审委员会指定期限内针对修改内容增加无效宣告理由,并在该期限内对所增加的无效宣告理由具体说明的;

b. 对明显与提交的证据不相对应的无效宣告理由进行变更的。

(三) 请求人举证期限

①请求人在提出无效宣告请求之日起 1 个月内补充证据的,应当在该期限内结合该证据具体说明相关的无效宣告理由,否则,国防专利复审委员会不予考虑。

②请求人在提出无效宣告请求之日起 1 个月后补充证据的,国防专利复审委员会一般不予考虑,但下列情形除外:

a. 针对专利权人提交的反证，请求人在国防专利复审委员会指定的期限内补充证据，并在该期限内结合该证据具体说明相关无效宣告理由的；

b. 在口头审理辩论终结前提交技术词典、技术手册和教科书等所属技术领域中的公知常识性证据或者用于完善证据法定形式的公证文书、原件等证据，并在该期限内结合该证据具体说明相关无效宣告理由的；

c. 请求人提交的证据是外文的，提交其中文译文的期限适用该证据的举证期限。

（四）专利权人举证期限

①专利权人应当在国防专利复审委员会指定的答复期限内提交证据。

②对于技术词典、技术手册和教科书等所属技术领域中的公知常识性证据或者用于完善证据法定形式的公证文书、原件等证据，可以在口头审理辩论终结前补充。

③专利权人提交或者补充证据的，应当在上述期限内对提交或者补充的证据具体说明。

④专利权人提交的证据是外文的，提交其中文译文的期限适用该证据的举证期限。

专利权人提交或者补充证据不符合上述期限规定或者未在上述期限内对所提交或者补充的证据具体说明的，国防专利复审委员会不予考虑。

（五）延期举证

对于有证据表明因无法克服的困难在规定的期限内不能提交的证据，当事人可以在所述期限内书面请求延期提交。不允许延期提交明显不公平的，国防专利复审委员会应当允许延期提交。

（六）审查方式

1. 文件的转送

国防专利复审委员会根据案件审查需要将有关文件转送有关当事人。需要指定答复期限的，指定答复期限为1个月。当事人期满未答复的，视为当事人已得知转送文件中所涉及的事实、理由和证据，并且未提出反对意见。

当事人提交的意见陈述书及其附件应当一式两份。

2. 口头审理

国防专利复审委员会根据当事人的请求或者案情需要可以决定对无效宣告请求进行口头审理。

（七）无效宣告请求审查通知书

在无效宣告程序中，有下列情形之一的，国防专利复审委员会可以向双方当事人发出无效宣告请求审查通知书：

①当事人主张的事实或者提交的证据不清楚或者有疑问的。
②专利权人对其权利要求书主动提出修改，但修改不符合有关规定的。
③需要依职权引入当事人未提及的理由或者证据的。
④需要发出无效宣告请求审查通知书的其他情形。

审查通知书的内容所针对的有关当事人应当在收到该通知书之日起 1 个月内答复。期满未答复的，视为当事人已得知通知书中所涉及的事实、理由和证据，并且未提出反对意见。

（八）案件的合并审理

为了提高审查效率和减少当事人负担，国防专利复审委员会可以对案件合并审理。合并审理的情形通常包括：
①针对一项专利权的多个无效宣告案件，尽可能合并口头审理。
②针对不同专利权的无效宣告案件，部分或者全部当事人相同且案件事实相互关联的，国防专利复审委员会可以依据当事人书面请求或者自行决定合并口头审理。

合并审理的各无效宣告案件的证据不得相互组合使用。

五、无效宣告程序中专利文件的修改

（一）修改原则

发明专利文件的修改仅限于权利要求书，其原则是：
①不得改变原权利要求的主题名称。
②与授权的权利要求相比，不得扩大原专利的保护范围。
③不得超出原说明书和权利要求书记载的范围。
④一般不得增加未包含在授权的权利要求书中的技术特征。

外观设计专利的专利权人不得修改其专利文件。

（二）修改方式

在满足上述修改原则的前提下，修改权利要求书的具体方式一般限于权利要求的删除、技术方案的删除、权利要求的进一步限定、明显错误的修正。

1. 权利要求的删除

权利要求的删除是指从权利要求书中去掉某项或者某些项权利要求，例如独立权利要求或者从属权利要求。

2. 技术方案的删除

技术方案的删除是指从同一权利要求中并列的两种以上技术方案中删除一种或者一种以上技术方案。

3. 权利要求的进一步限定

权利要求的进一步限定是指在权利要求中补入其他权利要求中记载的一个或

者多个技术特征，以缩小保护范围。

(三) 修改方式的限制

1. 删除的时间限制

在国防专利复审委员会做出审查决定之前，专利权人可以删除权利要求或者权利要求中包括的技术方案。

2. 删除以外修改方式的时间限制

仅在下列三种情形的答复期限内，专利权人可以以删除以外的方式修改权利要求书：

①针对无效宣告请求书。

②针对请求人增加的无效宣告理由或者补充的证据。

③针对国防专利复审委员会会引入的请求人未提及的无效宣告理由或者证据。

六、无效宣告请求审查决定的类型及效力

(一) 类型

无效宣告请求审查决定分为下列三种类型：

①宣告专利权全部无效。

②宣告专利权部分无效。

③维持专利权有效。

(二) 效力

《专利法》第四十七条规定，宣告无效的专利权视为自始即不存在。

宣告专利权无效的决定，对在宣告专利权无效前人民法院做出并已执行的专利侵权的判决、调解书，已经履行或者强制执行的专利侵权纠纷处理决定，以及已经履行的专利实施许可合同和专利权转让合同，不具有追溯力。但是因专利权人的恶意给他人造成的损失，应当给予赔偿。

依照前款规定不返还专利侵权赔偿金、专利使用费、专利权转让费，明显违反公平原则的，应当全部或者部分返还。

七、无效宣告请求审查决定的送达、登记和公告

(一) 决定的送达

根据《专利法》第四十六条第一款的规定，国防专利复审委员会应当将无效宣告请求审查决定送达双方当事人。

对于涉及侵权案件的无效宣告请求，在无效宣告请求审理开始之前曾通知有

关人民法院或者地方知识产权管理部门的，国防专利复审委员会做出决定后，应当将审查决定和无效宣告审查结案通知书送达有关人民法院或者地方知识产权管理部门。

（二）决定的登记和公告

国防专利复审委员会做出宣告专利权无效（包括全部无效和部分无效）的审查决定后，当事人未在收到该审查决定之日起3个月内向人民法院起诉或者人民法院生效判决维持该审查决定的，由专利局予以登记和公告。

八、无效宣告程序的终止

无效程序终止的情形如下：

①请求人在国防专利复审委员会对无效宣告请求做出审查决定之前，撤回其无效宣告请求的，无效宣告程序终止，但国防专利复审委员会认为根据已进行的审查工作能够做出宣告专利权无效或者部分无效决定的除外。

②请求人未在指定的期限内答复口头审理通知书，并且不参加口头审理，其无效宣告请求被视为撤回的，无效宣告程序终止，但国防专利复审委员会认为根据已进行的审查工作能够做出宣告专利权无效或者部分无效决定的除外。

③已受理的无效宣告请求因不符合受理条件而被驳回请求的，无效宣告程序终止。

④在国防专利复审委员会对无效宣告请求做出审查决定之后，当事人未在收到该审查决定之日起3个月内向人民法院起诉，或者人民法院生效判决维持该审查决定的，无效宣告程序终止。

⑤在国防专利复审委员会做出宣告专利权全部无效的审查决定后，当事人未在收到该审查决定之日起3个月内向人民法院起诉，或者人民法院生效判决维持该审查决定的，针对该专利权的所有其他无效宣告程序终止。

第三节　复审无效程序中有关口头审理以及证据的规定

一、复审、无效宣告程序中有关口头审理的规定

本部分涉及《审查指南》第四部分第四章的重点内容。

（一）口头审理的确定

1. 无效程序的口审请求

在无效宣告程序中，有关当事人可以向专利复审委员会提出进行口头审理的

请求，并且说明理由。请求应当以书面方式提出。

无效宣告程序的当事人可以依据下列理由请求进行口头审理：

①当事人一方要求同对方当面质证和辩论。

②需要当面向合议组说明事实。

③需要实物演示。

④需要请出具过证言的证人出庭做证。

对于尚未进行口头审理的无效宣告案件，国防专利复审委员会在审查决定做出前收到当事人依据上述理由以书面方式提出口头审理请求的，合议组应当同意进行口头审理。

2. 复审程序的口审请求

在复审程序中，复审请求人可以向国防专利复审委员会提出进行口头审理的请求，并且说明理由。请求应当以书面方式提出。

复审请求人可以依据下列理由请求进行口头审理：

①需要当面向合议组说明事实或者陈述理由。

②需要实物演示。

复审请求人提出口头审理请求的，合议组根据案件的具体情况决定是否进行口头审理。

3. 复审委自行决定的口审

在无效宣告程序或者复审程序中，合议组可以根据案情需要自行决定进行口头审理。针对同一案件已经进行过口头审理的，必要时可以再次进行口头审理。

经主任委员批准，国防专利复审委员会可以进行巡回口头审理，就地审理办案，并承担所需费用。

(二) 口头审理的通知

1. 无效宣告程序的口审通知

在无效宣告程序中，确定需要进行口头审理的，合议组应当向当事人发出口头审理通知书，通知进行口头审理的日期和地点等事项。

当事人应当在收到口头审理通知之日起 7 日内向国防专利复审委员会提交口头审理通知书回执。无效宣告请求人期满未提交回执，并且不参加口头审理的，其无效宣告请求视为撤回，无效宣告请求审查程序终止。但国防专利复审委员会认为根据已进行的审查工作能够做出宣告专利权无效或者部分无效决定的除外。专利权人不参加口头审理的，可以缺席审理。

2. 复审程序的口审通知

在复审程序中，确定需要进行口头审理的，合议组应当向复审请求人发出口头审理通知书，通知进行口头审理的日期、地点以及口头审理拟调查的事项。

针对合议组发出的复审请求口头审理通知书，复审请求人应当参加口头审理或者在收到该通知书之日起1个月内针对通知书指出的缺陷进行书面答复；如果该通知书已指出申请不符合专利法及其实施细则和审查指南有关规定的事实、理由和证据，复审请求人未参加口头审理且期满未进行书面答复的，其复审请求视为撤回。

3. 口审的进行

口头审理应当公开进行，但根据国家法律、法规等规定需要保密的除外。

4. 口审回执的签署以及口审参加人员

无效宣告程序或者复审程序的口头审理通知书回执中应当有当事人的签名或者盖章。表示参加口头审理的，应当写明参加口头审理人员的姓名。要求委派出具过证言的证人就其证言出庭做证的，应当在口头审理通知书回执中声明，并且写明该证人的姓名、工作单位（或者职业）和要证明的事实。

参加口头审理的每方当事人及其代理人的数量不得超过4人。一方有多人参加口头审理的，应当指定其中之一作为第一发言人进行主要发言。

当事人不能在指定日期参加口头审理的，可以委托其专利代理师或者其他人代表出庭。

涉外主体的当事人依照《专利法》第十九条规定应当委托专利代理机构代理的，该机构应当指派专利代理师参加口头审理。

5. 口头审理的中止

有下列情形之一的，合议组组长可以宣布中止口头审理，并在必要时确定继续进行口头审理的日期：

①当事人请求审案人员回避的。
②因和解需要协商的。
③需要对发明创造进一步演示的。
④合议组认为必要的其他情形。

6. 当事人的缺席

有当事人未出席口头审理的，只要一方当事人的出庭符合规定，合议组按照规定的程序进行口头审理。

7. 当事人中途退庭

在无效宣告程序或者复审程序的口头审理过程中，未经合议组许可，当事人不得中途退庭。当事人未经合议组许可而中途退庭的，或者因妨碍口头审理进行而被合议组责令退庭的，合议组可以缺席审理。

8. 证人出庭做证

出具过证言并在口头审理通知书回执中写明的证人可以就其证言出庭做证。

当事人在口头审理中提出证人出庭做证请求的，合议组可根据案件的具体情况决定是否准许。

证人出庭做证时，应当出示证明其身份的证件。合议组应当告知其诚实做证的法律义务和做伪证的法律责任。出庭做证的证人不得旁听案件的审理。询问证人时，其他证人不得在场，但需要证人对质的除外。

合议组可以对证人进行提问。在双方当事人参加的口头审理中，双方当事人可以对证人进行交叉提问。证人应当对合议组提出的问题做出明确回答，对于当事人提出的与案件无关的问题可以不回答。

9. 当事人的权利和义务

（1）当事人的权利

当事人有权请求审案人员回避；无效宣告程序中的当事人有权与对方当事人和解；有权在口头审理中请出具过证言的证人就其证言出庭做证和请求演示物证；有权进行辩论。无效宣告请求人有权请求撤回无效宣告请求，放弃无效宣告请求的部分理由及相应证据，以及缩小无效宣告请求的范围。专利权人有权放弃部分权利要求及其提交的有关证据。复审请求人有权撤回复审请求；有权提交修改文件。

（2）当事人的义务

当事人应当遵守口头审理规则，维护口头审理的秩序；发言时应当征得合议组组长同意，任何一方当事人不得打断另一方当事人的发言；辩论中应当摆事实、讲道理；发言和辩论仅限于合议组指定的与审理案件有关的范围；当事人对自己提出的主张有举证责任，反驳对方主张的，应当说明理由；口头审理期间，未经合议组许可不得中途退庭。

10. 记录

在重要的审理事项记录完毕后或者在口头审理终止时，合议组应当将笔录交当事人阅读。对笔录的差错，当事人有权请求记录人更正。

11. 旁听

在口头审理中允许旁听，旁听者无发言权；未经批准，不得拍照、录音和录像，也不得向参加口头审理的当事人传递有关信息。

二、无效宣告程序中有关证据问题的规定

本部分涉及《审查指南》第四部分第八章重点内容。无效宣告程序中有关证据的各种问题，可参照人民法院民事诉讼中有关证据的相关规定。

（一）举证责任的分配

当事人对自己提出的无效宣告请求所依据的事实或者反驳对方无效宣告请求

所依据的事实有责任提供证据加以证明。

在依据前述规定无法确定举证责任承担时，专利复审委员会可以根据公平原则和诚实信用原则，综合当事人的举证能力以及待证事实发生的盖然性等因素确定举证责任的承担。

没有证据或者证据不足以证明当事人的事实主张的，由负有举证责任的当事人承担不利后果。

(二) 证据的提交

1. 外文证据的提交

(1) 译文的提交

当事人提交外文证据的，应当提交中文译文，未在举证期限内提交中文译文的，该外文证据视为未提交。

当事人应当以书面方式提交中文译文，未以书面方式提交中文译文的，该中文译文视为未提交。当事人可以仅提交外文证据的部分中文译文。该外文证据中没有提交中文译文的部分，不作为证据使用。

(2) 对译文的异议

对方当事人对中文译文内容有异议的，应当在指定的期限内对有异议的部分提交中文译文。没有提交中文译文的，视为无异议。

对中文译文出现异议时，双方当事人就异议部分达成一致意见的，以双方最终认可的中文译文为准。双方当事人未能就异议部分达成一致意见的，必要时，专利复审委员会可以委托翻译。双方当事人就委托翻译达成协议的，专利复审委员会可以委托双方当事人认可的翻译单位进行全文、所使用部分或者有异议部分的翻译。双方当事人就委托翻译达不成协议的，专利复审委员会可以自行委托专业翻译单位进行翻译。委托翻译所需翻译费用由双方当事人各承担50%；拒绝支付翻译费用的，视为其承认对方当事人提交的中文译文正确。

2. 域外证据证明手续

域外证据是指在中华人民共和国领域外形成的证据，该证据应当经所在国公证机关予以证明，并经中华人民共和国驻该国使领馆予以认证，或者履行中华人民共和国与该所在国订立的有关条约中规定的证明手续。

当事人向专利复审委员会提供的证据是在香港、澳门、台湾地区形成的，应当履行相关的证明手续。

但是在以下三种情况下，对上述两类证据，当事人可以在无效宣告程序中不办理相关的证明手续：

①该证据是能够从除香港、澳门、台湾地区外的国内公共渠道获得的，如从专利局获得的国外专利文件，或者从公共图书馆获得的国外文献资料。

②有其他证据足以证明该证据真实性的。

③对方当事人认可该证据的真实性的。

3. 物证的提交

当事人提交物证的，应当在举证期限内提交足以反映该物证客观情况的照片和文字说明，具体说明依据该物证所要证明的事实。

当事人确有正当理由不能在举证期限内提交物证的，应当在举证期限内书面请求延期提交，但仍应当在上述期限内提交足以反映该物证客观情况的照片和文字说明，具体说明依据该物证所要证明的事实。当事人最迟在口头审理辩论终结前提交该物证。

对于经公证机关公证封存的物证，当事人在举证期限内可以仅提交公证文书而不提交该物证，但最迟在口头审理辩论终结前提交该物证。

（三）证据的调查收集

国防专利复审委员会一般不主动调查收集审查案件需要的证据。对当事人及其代理人确因客观原因不能自行收集的证据，应当事人在举证期限内提出的申请，国防专利复审委员会认为确有必要时，可以调查收集。

国防专利复审委员会可以实地调查收集有关证据。

应当事人的申请对证据进行调查收集的，所需费用由提出申请的当事人或者国防专利复审委员会承担。国防专利复审委员会自行决定调查收集证据的，所需费用由国防专利复审委员会承担。

（四）证据的质证和审核认定

1. 证据的质证

证据应当由当事人质证，未经质证的证据，不能作为认定案件事实的依据。

质证时，当事人应当围绕证据的关联性、合法性、真实性，针对证据证明力有无以及证明力大小，进行质疑、说明和辩驳。

2. 证人证言

证人应当陈述其亲历的具体事实。证人根据其经历所做的判断、推测或者评论，不能作为认定案件事实的依据。

证人应当出席口头审理做证，接受质询。未能出席口头审理做证的证人所出具的书面证言不能单独作为认定案件事实的依据，但证人确有困难不能出席口头审理做证的除外。

3. 认可和承认

在无效宣告程序中，一方当事人明确认可的另外一方当事人提交的证据，专利复审委员会应当予以确认。但其与事实明显不符，或者有损国家利益、社会公共利益，或者当事人反悔并有相反证据足以推翻的除外。

在无效宣告程序中，对一方当事人陈述的案件事实，另外一方当事人明确表示承认的，专利复审委员会应当予以确认。但其与事实明显不符，或者有损国家利益、社会公共利益，或者当事人反悔并有相反证据足以推翻的除外；另一方当事人既未承认也未否认，经合议组充分说明并询问后，其仍不明确表示肯定或者否定的，视为对该项事实的承认。

当事人委托代理人参加无效宣告程序的，代理人的承认视为当事人的承认。但是，未经特别授权的代理人对事实的承认直接导致承认对方无效宣告请求的除外；当事人在场但对其代理人的承认不做否认表示的，视为当事人的承认。

4. 公知常识

主张某技术手段是本领域公知常识的当事人，对其主张承担举证责任。该当事人未能举证证明或者未能充分说明该技术手段是本领域公知常识，并且对方当事人不予认可的，合议组对该技术手段是本领域公知常识的主张不予支持。

当事人可以通过教科书或者技术词典、技术手册等工具书记载的技术内容来证明某项技术手段是本领域的公知常识。

5. 公证文书

一方当事人将公证文书作为证据提交时，有效公证文书所证明的事实，应当作为认定事实的依据，但有相反证据足以推翻公证证明的除外。

6. 互联网证据的公开时间

公众能够浏览互联网信息的最早时间为该互联网信息的公开时间，一般以互联网信息的发布时间为准。

7. 申请日后记载的使用公开或者口头公开

申请日后（含申请日）形成的记载有使用公开或者口头公开内容的书证，或者其他形式的证据可以用来证明专利在申请日前使用公开或者口头公开。

8. 技术内容和问题的咨询、鉴定

国防专利复审委员会可以根据需要邀请有关单位或者专家对案件中涉及的技术内容和问题提供咨询性意见，必要时可以委托有关单位进行鉴定，所需的费用根据案件的具体情况由国防专利复审委员会或者当事人承担。

第五章　国防专利权的实施与侵权

国防专利权被授予以后，国防专利局应当将该国防专利的有关文件副本及时送交国务院有关部门或者中国人民解放军有关部门。收到文件副本的，应当在4个月内就该国防专利的实施提出书面意见，通知国防专利局。国防专利的实施也应依据《中华人民共和国合同法》（以下简称《合同法》）的相关规定，不同的是由于其保密性要求，需要上级主管部门或者国防专利局批准，对于国防专利的侵权行为，按照《专利法》及相关的法律法规进行处置。

第一节　国防专利权的实施

专利权人有禁止他人未经许可实施专利的权利、转让专利的权利、许可他人实施其专利的权利、放弃专利的权利、标注专利标记和专利号的权利等。

一、国防专利权的转让

（一）转让专利权的权利

《国防专利条例》第七条规定，国防专利申请权和国防专利权经批准可以向国内的中国单位和个人转让，要确保国家秘密不被泄露，保证国防和军队建设不受影响，经批准转让的，当事人应订立书面合同，并向国防专利机构登记。

《国防专利条例》第八条规定，禁止向国外的单位和个人以及在国内的外国人和外国机构转让国防专利申请权和国防专利权。

（二）国防专利转让的办理要点

①提交《国防专利（申请）权转让请求书》及证明文件。

②转让人应当提交国防专利受理通知书或国防专利证书、个人身份证明、企业法人营业执照副本或事业法人组织机构证书副本并加盖公章。

③受让人为企业法人的，应当提交企业法人营业执照副本并加盖公章，为事业法人的，应当提交事业法人组织机构证书副本并加盖公章。

④转让人和受让人指定联系人的，应当提交联系人的授权委托书以及联系人的身份证复印件。

⑤转让由国家直接投入的国防科研经费或者其他国防经费投入产生的国防专

利申请权或国防专利权，应提交任务主管部门出具的同意该国防专利（申请）权转让的证明。

⑥被列入装备采购或者国防科研计划、已经或者将要纳入军事订货渠道的，应提交科研计划主管部门、军事订货方主管部门出具的同意该国防专利（申请）权转让的证明。

⑦属于秘密级的，受让人应当提交三级以上保密资格证书，属于机密级的，受让人应当提交二级以上保密资格证书。

⑧其他证明转让行为符合批准条件的文件或材料，例如武器装备生产许可证等。

(三) 国防专利转让注意事项

①国防专利申请权和国防专利权不得向外国单位和个人转让。

②转让人为两个或者两个以上的，转让国防专利申请权或国防专利权时，必须经全体权利人同意。

③转让请求书中的专利号、发明名称、专利权人等应与案件记载的一致。

④转让请求书中，需全体转让人与受让人共同签章。

⑤资料应提交按照规定提交齐全。

⑥受让人应当具备保密资质。

(四) 转让不予审批的情况

①专利权已经终止或者被宣告无效的。

②专利权处于年费缴纳滞纳期的。

③因专利权的归属发生纠纷或者人民法院裁定对专利权采取保全措施，专利权的有关程序被中止的。

④专利权被质押的，但经质权人同意的除外。

⑤与已经备案的国防专利实施许可合同冲突的。

⑥他不应当予以转让的情形。

二、国防专利的实施

(一) 实施许可合同备案的条件

根据《专利法》《合同法》《国防专利条例》和国家知识产权局规定的《专利实施许可合同备案办法》对实施许可合同进行备案。

①专利实施许可的许可人应当是合法的专利权人或者其他权利人。

②以共有的专利权订立国防专利实施许可合同的，除全体共有人另有约定或者《专利法》另有规定的外，应当取得其他共有人的同意。

③申请备案的国防专利实施许可合同应当以书面形式订立，订立国防专利实施许可合同可以使用国家知识产权局统一制定的合同范本，采用其他合同文本

的，应当符合《合同法》的规定。

④当事人应当自国防专利实施许可合同生效之日起 3 个月内办理备案手续。

⑤被许可方应具备相应的保密资质。

（二）办理要点

①需要提交以下文件：许可人以及其委托的国防专利代理机构签字或者盖章的《国防专利实施许可合同备案申请表》，国防专利实施许可合同，双方当事人的身份证明，委托国防专利代理机构的要注明委托权限的委托书，其他需要提供的材料。

②当事人的姓名或者名称、地址，专利权项数以及每项专利权的名称、专利号、申请日、授权公告日，实施许可的种类和期限。

（三）不予备案的情形

①专利权已经终止或者被宣告无效的。

②许可人不是专利登记簿记载的专利权人或有权授予许可的其他权利人的。

③国防专利实施许可合同不符合上述规定的。

④实施许可的期限超过专利权有效期的。

⑤共有专利权人违反法律规定或约定订立国防专利实施许可合同的。

⑥专利权处于年费缴纳滞纳期的。

⑦因专利权的归属发生纠纷或者人民法院裁定对专利权采取保全措施，专利权的有关程序被中止的。

⑧同一国防专利实施许可合同重复申请备案的。

⑨专利权被质押的，但经质权人同意的除外。

⑩与已经备案的国防专利实施许可合同冲突的。

（四）许可他人实施专利的权利

专利实施许可是专利权人或其授权的人作为许可方许可他人在一定范围内实施专利，被许可方支付约定使用费的一种法律行为。

1. 许可的种类

专利实施许可合同可以分为以下几种类型：

（1）独占实施许可

独占实施许可是将该专利仅许可一个被许可人实施，专利权人自己也不得实施该专利。

（2）排他实施许可

排他实施许可是指仅许可一个被许可人实施，专利权人自己也可以实施。

（3）普通实施许可

普通实施许可是指专利权人可以许可若干被许可人实施专利。

（4）交叉实施许可

交叉实施许可是指两个专利人互相许可对方实施自己的专利。

（5）分许可

分许可指被许可人与专利权人协商约定，被许可人可以再许可第三人实施同一专利。分许可必须得到专利权人的同意。

2. 专利许可合同的形式与备案

专利权人与他人订立的专利实施许可合同，应当自合同生效之日起3个月内向国务院专利行政部门备案。

不备案不影响专利实施许可合同的成立和生效。经备案的专利实施许可合同可以对抗善意第三人。

3. 许可的有效期

专利实施许可合同只在该专利权的存续期间内有效。专利权有效期限届满或者专利权被宣布无效的，专利权人不得就该专利与他人订立专利实施许可合同。

在许可实施有效期内，如果该专利权终止（包括被宣告无效），专利实施许可合同也应同时终止，并停止支付专利权失效后的专利使用费。如果失效期的专利使用费已经支付了的，原则上被许可人不得要求返还。但是如果专利权是被宣告无效的，而且因专利权人的恶意对被许可人造成损失或者不返还专利使用费明显有失公平的，专利权人应当予以赔偿或者返还。

（五）放弃专利权的权利

国防专利权人申明放弃专利权，应当采用书面形式提出。专利权在期限届满前终止的，由国防专利局登记和公告。专利权人已经许可他人实施其专利并且仍在许可合同期内的，放弃专利权之前须征得被许可人的同意。

（六）标明专利标记和专利号的权利（《专利法》第十七条第二款，《细则》第八十三条）

1. 标注专利标记和专利号是权利（《专利标识标注办法》第四条）

专利权人有权在其专利产品或者该产品的包装上标明专利标识。

在授予专利权之后的专利权有效期内，专利权人或者经专利权人同意享有专利标识标注权的被许可人可以在其专利产品、依照专利方法直接获得的产品、该产品的包装或者该产品的说明书等材料上标注专利标识。

2. 专利标记和专利号的标注载体和标注方式（《专利标识标注办法》第五至第七条）

标注专利标识的，应当标明下述内容：

①采用中文标明专利权的类别。

②国防专利局授予专利权的专利号。

除上述内容之外，可以附加其他文字、图形标记，但附加的文字、图形标记及其标注方式不得误导公众。

③在依照专利方法直接获得的产品、该产品的包装或者该产品的说明书等材料上标注专利标识的，应当采用中文标明该产品系依照专利方法所获得的产品。

④专利权被授予前在产品、该产品的包装或者该产品的说明书等材料上进行标注的，应当采用中文标明中国专利申请的类别、专利申请号，并标明"专利申请，尚未授权"字样。

3. 标注专利号和专利号不当的法律后果

以下几种情形属于标注不当：

①将申请号标注成专利号，或仅标出"专利产品仿冒必究"。

②将专利权相关系列产品中不在专利保护范围内的产品都说成专利产品。

③对被驳回的专利申请或期限届满终止的专利，以及被宣告无效的专利，在其相应产品仍然进行标注。

但是，专利权终止前依法在专利产品、依照专利方法直接获得的产品或者其包装上标注专利标识，在专利权终止后许诺销售、销售该产品的，不属于假冒专利行为。专利标识标注不当，构成假冒专利行为的，由管理专利工作的部门进行处罚。

三、国防专利权的期限

（一）专利权的生效（《专利法》第三十九条、第四十条）

发明专利申请经实质审查没有发现驳回理由的，国务院专利行政部门应该做出授予专利权的决定，发给相应的专利证书，同时予以登记和公布。专利权自公告之日起生效。

专利权的生效需要掌握以下知识点：

①申请人按规定的期限办理授权登记手续的，国家知识产权局授予专利权，颁发专利证书，同时予以登记和公告。颁证日、登记日和公告日是同一天。

②专利权自公告日起生效，其含义是，自公告日之日起，专利权人才能行使专利权，包括禁止他人未经许可使用专利、专利权转让、专利权许可等。

（二）专利权的保护期

《国防专利条例》第四十二条规定，国防专利权的期限为15年，自申请日起计算。此法条需要注意：对享有优先权的专利，保护期是从申请日起算，而不是从优先权日起计算。

（三）发明专利申请公布后的临时保护

1. 临时保护的定义

《专利法》第十三条规定，发明专利申请公布后，申请人可以要求实施其发明的单位或者个人支付适当的费用。这一规定被称为发明专利的临时保护。

2. 临时保护的救济手段

在临时保护期间，专利申请人要求支付使用费，如果使用人不支付使用费，申请人无权禁止使用人继续使用的行为，只能在获得专利权之后请求专利管理机关调解或者向法院起诉。

《细则》第八十五条规定，在发明专利申请公布后专利权授予前使用发明而未支付适当费用的纠纷，管理专利工作的部门应当事人请求，可以进行调解。专利权人请求管理专利工作的部门调解，应当在专利权被授予之后提出。

3. 临时保护的有关司法解释

《专利纠纷解释（二）》第十八条规定，权利人依据《专利法》第十三条诉请在发明专利申请公布日至授权公告日期间实施该发明的单位或者个人支付适当费用的，人民法院可以参照有关专利许可使用费合理确定。

发明专利申请公布时申请人请求保护的范围与发明专利公告授权时的专利权保护范围不一致，被诉技术方案均落入上述两种范围的，人民法院应当认定被告在前款所称期间内实施了该发明；被诉技术方案仅落入其中一种范围的，人民法院应当认定被告在前款所称期间内未实施该发明。

第二节　专利侵权行为

本节详细解读《专利法》《细则》《国防专利条例》中有关专利权保护的法条，以及三个重要的司法解释：《诉前停止侵权规定》《专利纠纷规定》《专利纠纷解释》。2016年还通过了《专利纠纷解释（二）》，本书对其中的重点法条也进行了总结。

一、专利侵权行为分析

（一）专利侵权行为的法律规定

《专利法》第十一条规定，发明专利权被授予后，除本法另有规定的以外，任何单位或者个人未经专利权人许可，都不得实施其专利，即不得为生产经营目的制造、使用、许诺销售、销售、进口其专利产品，或者使用其专利方法以及使用、许诺销售、销售、进口依照该专利方法直接获得的产品。

《国防专利条例》第二十四条规定，实施国防专利的单位必须与国防专利权人订立书面实施合同，并向国防专利权人支付费用，并报国防专利局备案，实施单位无权允许合同规定以外的单位实施该国防专利。

（二）专利侵权行为的构成要件

专利侵权行为构成条件包括：

1. 专利权有效

发明被授予专利权后，其他人未经许可实施专利的行为才构成专利侵权。

2. 未经专利权人许可

经专利权人许可实施其专利的行为不构成专利侵权。

3. 为生产经营目的

生产经营目的是指为工农业生产或者为商业经营的目的，不能被简单地理解为"以营利为目的"。

具体判断某一行为是否属于为生产经营目的的方式：

①许诺销售和销售一般都具有为生产经营目的的行为。

②企业和营利性单位的行为一般都具有为生产经营的目的；而国家机关、非营利性单位、社会团体的行为有些情况下也有为生产经营目的的性质，例如医院为治病而使用专利设备等。

4. 存在实施专利的行为

实施专利的行为具体判断请见下文。

5. 实施行为的客体落入专利权的保护范围

落入保护范围的判断包括两方面：保护范围的确定和侵权判断原则，具体内容请见下文。

（三）实施产品专利的行为

1. 制造专利产品

制造专利产品是指通过机械或者手工方式做出的具有权利书要求所记载的全部技术特征的产品。

2. 使用专利产品

使用专利产品包括单独使用以及作为其他产品组成部分使用。

3. 许诺销售专利产品

许诺销售，是指以做广告、在商店橱窗中陈列或者在展销会上展出等方式做出销售商品的意思表示。许诺销售在合同法意义上可以是销售要约邀请，也可以是要约。

许诺销售行为面向的对象既可以是特定的也可以是不特定的，采取的形式可以是书面的也可以是口头的。

4. 销售专利产品

销售专利产品是指在市场上销售属于专利保护范围内的产品。销售行为不涉及产品的来源，只要是未经专利权人许可销售了专利产品或以专利方法制造的产品，就构成了侵权。

5. 进口专利产品

进口是指将专利产品从国外运进国内的行为。

6. 零部件的使用、销售问题

《专利纠纷解释》第十二条规定，将侵犯发明专利权的产品作为零部件，制造另一产品的，人民法院应当认定属于《专利法》第十一条规定的使用行为；销售该另一产品的，人民法院应当认定属于《专利法》第十一条规定的销售行为。

对于前两款规定的情形，被诉侵权人之间存在分工合作的，人民法院应当认定为共同侵权。

（四）实施专利方法的行为

1. 使用专利方法

使用专利方法，是指为达到该方法发明的本来目的或效果而使用。

2. 使用、许诺销售、销售、进口依照专利方法直接获得的产品

依照该专利方法直接获得的产品是指实施该方法专利所获得的原始产品，不包括由原始产品所延及的后续产品。如一项制造橡胶的工艺方法专利，甲未经专利人许可制造出橡胶，销售商乙销售给丙，丙用橡胶制造轮胎，销售给丁，丁用丙制造的轮胎制造出汽车轮子。其中，甲使用了专利方法；乙销售依照专利方法直接获得的产品；丙使用依照专利方法直接获得的产品，这三人都侵犯了该制造橡胶的方法专利。但丁使用的轮胎不是依照专利方法直接获得的产品，其行为不构成侵权。

需要注意，方法发明一般可以分为三种类型：制造加工方法、操作方法、用途。其中只有制造加工方法才能延伸保护到产品。

二、不视为专利侵权的行为

《专利法》第六十九条规定了不视为专利侵权的行为，该法条是重点内容。

（一）权利用尽（《专利法》第六十九条第（一）项）

专利产品或者依照专利方法直接获得的产品，由专利权人或者经其许可的单位、个人售出后，使用、许诺销售、销售、进口该产品的，不视为侵犯专利权。

专利权人已经就专利产品获得利润后，其他人再次使用、许诺销售或者销售、进口该产品的，不构成侵权，这在专利法理论上被称为"专利权用尽"。

（二）先用权（《专利法》第六十九条第（二）项）

在专利申请日前已经制造相同产品、使用相同方法或者已经做好制造、使用

的必要准备，并且仅在原有范围内继续制造、使用的，不视为侵犯专利权。

享有先用权的条件包括（《专利纠纷解释》第十五条）：

①享有先用权的人先使用的技术必须是自己独立完成或通过其他合法途径取得的。被诉侵权人以非法获得的技术或者设计主张先用权抗辩的，人民法院不予支持。

②先用权成立的时间须在申请日之前。在他人专利申请日之后，即使是在申请公布前善意使用或准备使用，都不能享有先用权。

③先用者必须在他人专利申请日前已制造了相同产品或使用相同方法，或者已经做好了制造、使用的必要准备。

有下列情形之一的，人民法院应当认定属于已经做好制造、使用的必要准备：

a. 已经完成实施发明创造所必需的主要技术图纸或者工艺文件；

b. 已经制造或者购买实施发明创造所必需的主要设备或者原材料。

④先用者在他人取得专利权后，只能在原有范围内继续制造原有的相同产品或使用相同的方法，不得扩大使用范围。"原有范围"包括专利申请日前已有的生产规模以及利用已有的生产设备或者根据已有的生产准备可以达到的生产规模。

⑤先用权是一种只能由先用权人自己行使，不能单独转让给他人且不具有排他性的权利。先用权人在专利申请日后将其已经实施或做好实施必要准备的技术或设计转让或者许可他人实施，被诉侵权人主张该实施行为属于在原有范围内继续实施的，人民法院不予支持，但该技术或设计与原有企业一并转让或者承继的除外。

（三）为临时过境外国运输工具自身需要而使用（《专利法》第六十九条第（三）项）

临时通过中国领陆、领水、领空的外国运输工具，依照其所属国同中国签订的协议或者共同参加的国际条约，或者依照互惠原则，为运输工具自身需要而在其装置和设备中使用有关专利的，不视为侵犯专利权。

（四）为科学研究和实验而使用（《专利法》第六十九条第（四）项）

专为科学研究和实验而使用有关专利的，不视为侵犯专利权。

（五）行政审批（《专利法》第六十九条第（五）项）

为提供行政审批所需要的信息，制造、使用、进口专利药品或者专利医疗器械的，以及专门为其制造、进口专利药品或者专利医疗器械的，不视为侵犯专利权。

三、现有技术抗辩

《专利法》第六十二条规定，在专利侵权纠纷中，被控侵权人有证据证明其实施的技术或者设计属于现有技术或者现有设计的，不构成侵犯专利权。

现有技术抗辩需要掌握以下知识点：

①现有技术或者现有设计可以是专利文献，也可以是公知技术或者公知设计。

②现有技术仅限一项。

根据《专利纠纷解释》，被诉落入专利权保护范围的全部技术特征，与一项现有技术方案中的相应技术特征相同或者无实质性差异的，人民法院应当认定被诉侵权人实施的技术属于现有技术。

被诉侵权设计与一个现有设计相同或者无实质性差异的，人民法院应当认定被诉侵权人实施的设计属于现有设计。

另外，对于现有技术抗辩的举证时间节点，《专利纠纷解释（二）》第二十二条规定，对于被诉侵权人主张的现有技术抗辩或者现有设计抗辩，人民法院应当依照专利申请日时施行的《专利法》界定现有技术或者现有设计。

四、善意侵权行为的部分免责

《专利法》第七十条规定，生产经营目的使用、许诺销售或者销售不知道是未经专利权人许可而制造并售出的专利侵权产品，能证明该产品合法来源的，不承担赔偿责任。此法条注意以下知识点：

①行为的性质仍然是侵权，被告知后，应当停止侵权。

②行为仅限使用、销售、许诺销售，不包括制造、进口。

③产品包括依照专利方法直接获得的产品。

④行为人需提供合法来源的证据。

五、专利侵权判断

发明的判断分为两步，第一步，确定专利权的保护范围；第二步，判断产品或者方法是否落入专利的保护范围。下面分为保护范围的确定和侵权判断原则两方面讲述专利侵权判断。

(一) 发明专利的保护范围的确定原则

《专利法》第五十九条第一款规定，发明专利权的保护范围以其权利要求的内容为准，说明书及附图可以用于解释权利要求的内容。

1. 权利要求书的作用

权利要求是确定发明专利保护范围的基本依据，专利权的保护范围应当以权利要求书中明确记载的必要技术特征所确定的范围为准，也包括与该必要技术特征相等同的特征所确定的范围。如果他人实施的技术方案中重现了一项权利要求中记载的全部技术特征，就表明了该技术方案落入了该权利要求的保护范围，不管该技术方案是否还包括一个或多个该权利要求没有记载的技术特征。

独立权利要求的保护范围最宽，因此一般情况下，以独立权利要求为准判断专利的保护范围。但是，专利权人起诉时，也可以选择以从属权利要求确定专利权的保护范围。根据《专利纠纷解释》第一条的规定，权利人主张以从属权利要求确定专利权保护范围的，人民法院应当以该从属权利要求记载的附加技术特征及其引用的权利要求记载的技术特征，确定专利权的保护范围。

2. 说明书及其附图的解释作用

说明书和附图可以用于解释权利要求。为了弄清权利要求所要表达的实质内容，应当参考说明书和附图，了解发明的目的、作用与效果。根据《专利纠纷解释》第二条，人民法院应当根据权利要求的记载，结合本领域普通技术人员阅读说明书及附图后对权利要求的理解，确定权利要求的内容。

3. 利用其他手段对专利权的保护范围进行解释（《专利纠纷解释》第三条）

人民法院对于权利要求，可以运用说明书及附图、权利要求书中的相关权利要求、专利审查档案进行解释。说明书对权利要求用语有特别界定的，从其特别界定。以上述方法仍不能明确权利要求含义的，可以结合工具书、教科书等公知文献以及本领域普通技术人员的通常理解进行解释。

4. 功能性限定的解释（《专利纠纷解释》第五条）

对于权利要求中以功能或者效果表述的技术特征，人民法院应当结合说明书和附图描述的该功能或者效果的具体实施方式及其等同的实施方式，确定该技术特征的内容。

根据《专利纠纷解释（二）》第四条，功能性特征是指对于结构、组分、步骤、条件或其之间的关系等，通过其在发明创造中所起的功能或者效果进行限定的技术特征，但本领域普通技术人员仅通过阅读权利要求即可直接、明确地确定实现上述功能或者效果的具体实施方式的除外。

（二）专利侵权的判定原则

1. 全面覆盖原则（相同侵权）与等同原则（《专利纠纷解释》第七条）

被诉侵权技术方案包含与权利要求记载的全部技术特征相同或者等同的技术特征的，人民法院应当认定其落入专利权的保护范围。

被诉侵权技术方案包含与权利要求记载的全部技术特征相同或者等同的技术特征的，人民法院应当认定其落入专利权的保护范围；被诉侵权技术方案的技术特征与权利要求记载的全部技术特征相比，缺少权利要求记载的一个以上的技术特征，或者有一个以上技术特征不相同也不等同的，人民法院应当认定其没有落入专利权的保护范围。

对于等同技术特征，《专利纠纷规定》第十七条规定，等同特征是指与所记载的技术特征以基本相同的手段，实现基本相同的功能，达到基本相同的效果，并且本领域的普通技术人员在被诉侵权行为发生时无须经过创造性劳动就能够联想到的特征。

2. 禁止反悔原则（《专利纠纷解释》第六条）

专利申请人、专利权人在专利授权或者无效宣告程序中，通过对权利要求、说明书的修改或者意见陈述而放弃的技术方案，权利人在侵犯专利权纠纷案件中又将其纳入专利权保护范围的，人民法院不予支持。

3. 捐献原则（《专利纠纷解释》第五条）

对于仅在说明书或者附图中描述而在权利要求中未记载的技术方案，权利人在侵犯专利权纠纷案件中将其纳入专利权保护范围的，人民法院不予支持。

六、间接侵权

《专利纠纷解释（二）》首次规定了间接侵权。

根据《专利纠纷解释（二）》第二十一条的规定，明知有关产品系专门用于实施专利的材料、设备、零部件、中间物等，未经专利权人许可，为生产经营目的将该产品提供给他人实施了侵犯专利权的行为，该提供者的行为属于帮助他人实施侵权的行为。明知有关产品、方法被授予专利权，未经专利权人许可，为生产经营目的积极诱导他人实施了侵犯专利权的行为，该诱导者的行为属于教唆他人实施侵权的行为。

七、涉及标准专利的侵权判断

《专利纠纷解释（二）》第二十四条规定，推荐性国家、行业或者地方标准明示所涉必要专利的信息，被诉侵权人以实施该标准无须专利权人许可为由抗辩不侵犯该专利权的，人民法院一般不予支持。

推荐性国家、行业或者地方标准明示所涉必要专利的信息，专利权人、被诉侵权人协商该专利的实施许可条件时，专利权人故意违反其在标准制定中承诺的公平、合理、无歧视的许可义务，导致无法达成专利实施许可合同，且被诉侵权人在协商中无明显过错的，对于权利人请求停止标准实施行为的主张，人民法院一般不予支持。

前款所称实施许可条件，应当由专利权人、被诉侵权人协商确定。经充分协商，仍无法达成一致的，可以请求人民法院确定。人民法院在确定上述实施许可条件时，应当根据公平、合理、无歧视的原则，综合考虑专利的创新程度及其在标准中的作用、标准所属的技术领域、标准的性质、标准实施的范围和相关的许可条件等因素。

第三节 专利侵权诉讼程序

《专利法》第六十条规定，未经专利权人许可，实施其专利，即侵犯其专利权，引起纠纷的，由当事人协商解决；不愿协商或者协商不成的，专利权人或者利害关系人可以向人民法院起诉，也可以请求管理专利工作的部门处理。

《国防专利条例》第三十四条规定，对于专利侵权行为，当事人可以请求国防专利管理机关或者国防专利局处理，也可以向人民法院起诉。国防专利管理机关和国家专利局处理时，有权责令侵权人停止侵权行为，并赔偿损失。当事人不服的，可以在收到通知之日起3个月内向人民法院起诉；逾期不起诉又不履行的，国防专利管理机关或者国防专利局可以请求人民法院强制执行。

因此，专利权人或者利害关系人在专利权受到侵犯时，可以通过协商、向人民法院提起民事诉讼、请求管理专利工作的部门处理的方式维护自己的合法权益。

本节讲解人民法院处理专利侵权的诉讼程序。

一、管辖

（一）级别管辖（《专利纠纷规定》第二条）

与普通民事案件不同，专利纠纷涉及技术、经济、法律等综合问题，因此专利民事纠纷案件级别关系有特殊性。根据《专利纠纷规定》第二条，专利纠纷第一审案件，由各省、自治区、直辖市人民政府所在地的中级人民法院和最高人民法院指定的中级人民法院和基层人民法院管辖。

（二）地域管辖（《专利纠纷规定》第五条、第六条）

因侵犯专利权行为提起的诉讼，由侵权行为地或者被告住所地人民法院管辖。

侵权行为地包括：

①行为实施地。

被控侵犯发明专利权的产品的制造、使用、许诺销售、销售、进口等行为的实施地；专利方法使用行为的实施地，依照该专利方法直接获得的产品的使用、许诺销售、销售、进口等行为的实施地。

②侵权行为的侵权结果发生地。

（三）管辖的特殊问题

①侵犯产品专利的，由该产品制造地人民法院管辖，制造地不明的，由该产品的使用地或销售地人民法院管辖。

②原告仅对侵权产品制造者提起诉讼，未起诉销售者，侵权产品制造地与销售地不一致的，制造地人民法院有管辖权；以制造者与销售者为共同被告起诉的，销售地人民法院有管辖权。

二、诉前停止侵权措施

有些专利侵权发生后如果不及时制止，对市场的损失将难以弥补。因此《专利法》第六十六条规定了起诉前通过法院制止专利侵权的制度，称为诉前临时措施，也称诉前停止侵权或者临时禁令。

（一）申请诉前停止侵权的条件（《专利法》第六十六条第一款）

专利权人或者利害关系人有证据证明他人正在实施或者即将实施侵犯专利权的行为，如不及时制止将会使其合法权益受到难以弥补的损害的，可以在起诉前向人民法院申请采取责令停止有关行为的措施。

申请诉前停止侵权的条件包括：

①诉前停止侵权是对侵权行为者提起民事诉讼以前提出的申请。

②申请诉前停止侵权的主体是专利权人或者利害关系人。

提出申请的利害关系人，包括专利实施许可合同的被许可人、专利权的合法继承人等。专利实施许可合同的被许可人中，独占实施许可合同的被许可人可以单独向人民法院提出申请；排他实施许可合同的被许可人在专利权人不申请的情况下，可以提出申请。普通实施许可合同的被许可人无权以自己的名义提出。

③需要情况紧急。

请求人需要证据证明他人正在实施或者即将实施侵犯专利权的行为，如不及时制止将会使其合法权益受到难以弥补的损害。

④只能向有专利侵权案件管辖权的人民法院提出。

诉前停止侵权只有法院有权做出，地方知识产权局无权决定。

（二）提出诉前停止侵权的申请及证据材料（《诉前停止侵权规定》第三条、第四条）

专利权人或者利害关系人向人民法院提出申请，应当递交书面申请状；申请状应当载明当事人及其基本情况、申请的具体内容、范围和理由等事项。申请的理由包括有关行为如不及时制止会使申请人合法权益受到难以弥补的损害的具体说明。

①专利权人应当提交证明其专利权真实有效的文件，包括专利证书、权利要求书、说明书、专利年费交纳凭证。

②利害关系人应当提供有关专利实施许可合同及其在国务院专利行政部门备案的证明材料，未经备案的应当提交专利权人的证明，或者证明其享有权利的其他证据。

④质押的特殊规定。专利权质押期间的专利权转移，除应当提交变更所需的证明文件外，还应当提交质押双方当事人同意变更的证明文件。

因其他事由发生权利转移所需的证明文件见表3-4。

表3-4 因其他事由发生权利转移证明文件

变更项目	变更原因	证明文件
申请人或专利权人因其他事由发生权利转移	单位因合并、分立、注销或改变组织形式而变更	登记管理部门出具的证明文件
	因继承而变更	经公证的当事人是唯一或包括全部法定继承人的证明文件
	因拍卖而变更	有法律效力的证明文件
	专利权质押期间的转移	除变更所需的证明文件外，还应当提交质押双方当事人同意变更的证明文件

5. 发明人名称变更证明文件

①因发明人更改姓名提出变更请求的，提交户籍管理部门出具的证明文件。

②因漏填或者错填发明人提出变更请求的，应当提交由全体申请人（或专利权人）和变更前全体发明人签字或者盖章的证明文件。

③因发明人资格纠纷提出变更请求的，需提交证明文件。

④因更改中文译名提出变更请求的，应当提交发明人声明。

发明人变更需要提交的证明文件见表3-5。

表3-5 发明人变更证明文件

变更项目	变更原因	证明文件
发明人	更改姓名	户籍管理部门出具的证明文件
	漏填或者错填	全体申请人（或专利权人）和变更前全体发明人签章的证明文件
	资格纠纷而变更	参照申请人或专利权人因权属纠纷发生权利转移的证明文件
	更改中文译名	发明人的声明

6. 专利代理机构及代理人变更证明文件

①专利代理机构更名、迁址的，应当首先在国防知识产权局主管部门办理备

排他实施许可合同的被许可人单独提出申请的,应当提交专利权人放弃申请的证明材料。

专利财产权利的继承人应当提交已经继承或者正在继承的证据材料。

③提交证明被申请人正在实施或者即将实施侵犯其专利权的行为的证据,包括被控侵权产品以及专利技术与被控侵权产品技术特征对比材料等。

(三) 提供担保 (《专利法》第六十六条第二款,《诉前停止侵权规定》第八条)

①必须提供担保。

申请人提出申请时必须提供担保,不提供担保的,驳回申请。

②反担保不解除。

停止侵犯专利权行为裁定所采取的措施,不因被申请人提出反担保而解除。

(四) 诉前临时措施裁定程序 (《专利法》第六十六条第三款)

人民法院接受专利权人或者利害关系人提出责令停止侵犯专利权行为的申请后,经审查符合规定的,应当在48小时内做出书面裁定。

人民法院做出诉前责令被申请人停止有关行为的裁定,应当立即开始执行并及时通知被申请人,至迟不得超过5日。

(五) 诉前停止侵权的裁定及对裁定不服的救济

当事人对裁定不服的,可以在收到裁定之日起10日内申请复议一次。复议期间不停止裁定的执行。

(六) 诉前停止侵权措施的解除

专利权人或者利害关系人在人民法院采取停止有关行为的措施后15日内不起诉的,人民法院解除裁定采取的措施。

三、诉前证据保全 (《专利法》第六十七条)

《专利法》第六十七条规定了诉前证据保全制度,该制度是《专利法》第三次修改新增内容。《专利法》第六十七条第一款规定,为了制止专利侵权行为,在证据可能灭失或者以后难以取得的情况下,专利权人或者利害关系人可以在起诉前向人民法院申请保全证据。

①申请诉前证据保全的主体。

申请人与诉前停止侵权相同,包括专利权或利害关系人。

②担保。

人民法院采取保全证据措施,可以责令申请人提供担保;申请人不提供担保的,驳回申请。

③程序。

人民法院应当自接受申请之时起48小时内做出裁定;裁定采取诉前证据保全措施的,应当立即执行。

④救济。

申请人自人民法院采取诉前证据保全措施之日起 15 日内不起诉的，人民法院应当解除该措施。

四、举证责任倒置（《专利法》第六十一条）

专利侵权诉讼的举证责任规则适用《中华人民共和国民事诉讼法》的规定，谁主张谁举证。但是，当专利侵权纠纷涉及的是新产品制造方法的发明专利时，举证责任倒置。《专利法》第六十一条规定了举证责任倒置的举证原则：

专利侵权纠纷涉及新产品制造方法的发明专利的，制造同样产品的单位或者个人应当提供其产品制造方法不同于专利方法的证明。

①对新产品制造方法的理解。

"新产品制造方法"是指产品或者制造产品的技术方案在专利申请日以前不为国内外公众所知（《专利纠纷解释》第十七条）。

②被告并非举证不侵权，而是提供其产品的制造方法不同于专利方法的证明。

五、诉讼中止（《专利纠纷规定》第九至第十一条）

诉讼中止是指在诉讼过程中，诉讼程序因特殊情况的发生而中途停止的一种法律制度。在专利侵权民事诉讼中，被告往往会针对涉案专利向专利复审委员会提出无效宣告请求，从而请求法院中止审理侵权诉讼。因无效程序非常长，复审委员会审理后还可经法院行政诉讼一审、二审，无效决定才能生效。当无效审理结束后，涉嫌专利侵权的产品往往也会丧失市场价值。因此，《专利纠纷规定》中规定了人民法院在审理专利权侵权纠纷案件过程中，是否应当中止的一些情形。而在涉及发明专利的专利侵权案件中，即使被告在答辩期间内请求专利复审委员会宣告专利权无效，法院也可以不中止诉讼程序。

六、诉讼时效（《专利法》第六十八条）

诉讼时效是指民事权利受到侵害的权利人在法定的时效期间内不行使权利，当时效期间届满时，人民法院对权利人的权利不再进行保护的制度。

（一）普通诉讼时效

侵犯专利权的诉讼时效为 2 年，自专利权人或者利害关系人得知或者应当得知侵权行为之日起计算。

权利人超过 2 年起诉的，如果侵权行为在起诉时仍在继续，在该项专利权有效期内，人民法院应当判决被告停止侵权行为，侵权损害赔偿数额应当自权利人向人民法院起诉之日起向前推算 2 年计算。

（二）临时保护的诉讼时效

在很多情况下，专利申请人很早就知道了实施其发明的行为，但是由于专利没有授权，无法通过诉讼或者请求调解的方式行使权利。而发明专利授权时，可能已经超过 2 年的普通诉讼时效。对此，《专利法》第六十八条第二款规定：

发明专利申请公布后至专利权授予前使用该发明未支付适当使用费的，专利权人要求支付使用费的诉讼时效为 2 年，自专利权人得知或者应当得知他人使用其发明之日起计算，但是，专利权人于专利权授予之日前即已得知或者应当得知的，自专利权授予之日起计算。

七、侵犯专利权的法律责任

《中华人民共和国民法通则》第一百一十八条对侵犯专利权的法律责任进行了规定，公民、法人的专利权受到侵害的，有权要求停止侵害，消除影响，赔偿损失。《专利法》第六十五条具体规定了赔偿损失的具体算法。

（一）赔偿数额的计算（《专利法》第六十五条）

人民法院可以根据权利人的请求，按照以下顺序确定赔偿数额：
①按照权利人因被侵权所受到的实际损失确定。
②实际损失难以确定的，可以按照侵权人因侵权所获得的利益确定。
③权利人的损失或者侵权人获得的利益难以确定的，参照该专利许可使用费的倍数合理确定。
④权利人的损失、侵权人获得的利益和专利许可使用费均难以确定的，人民法院可以根据专利权的类型、侵权行为的性质和情节等因素，确定给予 1 万元以上 100 万元以下的赔偿。

此外，赔数额还应当包括权利人为制止侵权行为所支付的合理开支。

（二）赔偿数额的其他事项（《专利纠纷规定》第二十条、《专利纠纷解释》第十六条）

①侵犯发明专利权的产品系另一产品的零部件的，人民法院应当根据该零部件本身的价值及其在实现成品利润中的作用等因素合理确定赔偿数额。
②侵权人因侵权所获得的利益，应当限于侵权人因侵犯专利权行为所获得的利益；因其他权利所产生的利益，应当合理扣除。
③权利人因被侵权所受到的实际损失可以根据专利权人的专利产品因侵权所造成销售量减少的总数乘以每件专利产品的合理利润所得之积计算。权利人销售量减少的总数难以确定的，侵权产品在市场上销售的总数乘以每件专利产品的合理利润所得之积可以视为权利人因被侵权所受到的实际损失。
④侵权人因侵权所获得的利益可以根据该侵权产品在市场上销售的总数乘以每件侵权产品的合理利润所得之积计算。侵权人因侵权所获得的利益一般按照侵

权人的营业利润计算，对于完全以侵权为业的侵权人，可以按照销售利润计算。

⑤被侵权人的损失或者侵权人获得的利益难以确定，有专利许可使用费可以参照的，人民法院可以根据专利权的类型、侵权行为的性质和情节、专利许可的性质、范围、时间等因素，参照该专利许可使用费的倍数合理确定赔偿数额。

⑥权利人主张其为制止侵权行为所支付合理开支的，人民法院可以在《专利法》第六十五条确定的赔偿数额之外另行计算。

八、确认不侵权之诉

民事诉讼的类型有侵权之诉、违约之诉、确认之诉。专利诉讼中确认不侵权之诉属于确认之诉。

满足下列条件，可以向人民法院提出确认不侵权之诉：

①权利人向他人发出侵犯专利权的警告。

②被警告人或者利害关系人经书面催告权利人行使诉权。

③自权利人收到该书面催告之日起1个月内或者自书面催告发出之日起2个月内，权利人不撤回警告也不提起诉讼。

满足上述三个条件，被警告人或者利害关系人可以向人民法院提起请求确认其行为不侵犯专利权的诉讼。

第四节 专利纠纷的行政处理及其他纠纷的救济途径

本节主要涉及《专利行政执法办法》（以下简称《执法办法》）中的规定。

一、管理专利工作的部门

（一）管理专利工作的部门的概念（《细则》第七十九条）

管理专利工作的部门是指由省、自治区、直辖市人民政府以及专利管理工作量大又有实际处理能力的设区的市人民政府设立的管理专利工作的部门。

（二）委托执法（《执法办法》第六条）

管理专利工作的部门可以依据本地实际，委托有实际处理能力的市、县级人民政府设立的专利管理部门查处假冒专利行为、调解专利纠纷。

二、管理专利工作的部门处理专利侵权纠纷的程序

（一）管辖（《细则》第八十一条）

1. 管辖原则

当事人请求处理专利侵权纠纷或者调解专利纠纷的，由被请求人所在地或者

侵权行为地的管理专利工作的部门管辖。

2. 共同管辖

两个以上管理专利工作的部门都有管辖权的专利纠纷，当事人可以向其中一个管理专利工作的部门提出请求；当事人向两个以上有管辖权的管理专利工作的部门提出请求的，由最先受理的管理专利工作的部门管辖。

3. 管辖争议

管理专利工作的部门对管辖权发生争议的，由其共同的上级人民政府管理专利工作的部门指定管辖；无共同上级人民政府管理专利工作的部门的，由国务院专利行政部门指定管辖。

（二）受理条件（《执法办法》第八条）

请求管理专利工作的部门处理专利侵权纠纷的，应当符合下列条件：

①请求人是专利权人或者利害关系人。

利害关系人包括专利实施许可合同的被许可人、专利权人的合法继承人。专利实施许可合同的被许可人中，独占实施许可合同的被许可人可以单独提出请求；排他实施许可合同的被许可人在专利权人不请求的情况下，可以单独提出请求；除合同另有约定外，普通实施许可合同的被许可人不能单独提出请求。

②有明确的被请求人。

③有明确的请求事项和具体事实、理由。

④属于受案管理专利工作的部门的受案和管辖范围。

⑤当事人没有就该专利侵权纠纷向人民法院起诉。

（三）提交材料（《执法办法》第九条）

请求管理专利工作的部门处理专利侵权纠纷的，应当提交请求书及下列证明材料：

①主体资格证明，即个人应当提交居民身份证或者其他有效身份证件，单位应当提交有效的营业执照或者其他主体资格证明文件副本及法定代表人或者主要负责人的身份证明。

②专利权有效的证明，即专利登记簿副本，或者专利证书和当年缴纳专利年费的收据。

（四）对专利侵权纠纷的处理流程（《执法办法》第十一条、第十二条、第十九条）

①请求符合规定条件的，管理专利工作的部门应当在收到请求书之日起5个工作日内立案并通知请求人，同时指定3名或者3名以上单数承办人员处理该专利侵权纠纷；请求不符合规定条件的，管理专利工作的部门应当在收到请求书之日起5个工作日内通知请求人不予受理，并说明理由。

②管理专利工作的部门应当在立案之日起5个工作日内将请求书及其附件的

副本送达被请求人，要求其在收到之日起 15 日内提交答辩书并按照请求人的数量提供答辩书副本。被请求人逾期不提交答辩书的，不影响管理专利工作的部门进行处理。

被请求人提交答辩书的，管理专利工作的部门应当在收到之日起 5 个工作日内将答辩书副本送达请求人。

③管理专利工作的部门处理专利侵权纠纷案件时，可以根据当事人的意愿进行调解。双方当事人达成一致的，由管理专利工作的部门制作调解协议书，加盖其公章，并由双方当事人签名或者盖章。调解不成的，应当及时做出处理决定。

④除达成调解协议或者请求人撤回请求之外，管理专利工作的部门处理专利侵权纠纷应当制作处理决定书。

⑤管理专利工作的部门处理专利侵权纠纷，可以根据案情需要决定是否进行口头审理。管理专利工作的部门决定进行口头审理的，应当至少在口头审理 3 个工作日前将口头审理的时间、地点通知当事人。当事人无正当理由拒不参加的，或者未经允许中途退出的，对请求人按撤回请求处理，对被请求人按缺席处理。

⑥管理专利工作的部门处理专利侵权纠纷，应当自立案之日起 4 个月内结案。案件特别复杂需要延长期限的，应当由管理专利工作的部门负责人批准。经批准延长的期限，最多不超过 1 个月。

（五）调查取证（《执法办法》第三十五条）

1. 调查取证的请求与决定

在专利侵权纠纷处理过程中，当事人因客观原因不能自行收集部分证据的，可以书面请求管理专利工作的部门调查取证。管理专利工作的部门根据情况决定是否调查收集有关证据。

在处理专利侵权纠纷、查处假冒专利行为过程中，管理专利工作的部门可以根据需要依职权调查收集有关证据。

执法人员调查收集有关证据时，应当向当事人或者有关人员出示其行政执法证件。当事人和有关人员应当协助、配合，如实反映情况，不得拒绝、阻挠。

2. 调查取证的范围

管理专利工作的部门调查收集证据可以查阅、复制与案件有关的合同、账册等有关文件；询问当事人和证人；采用测量、拍照、摄像等方式进行现场勘验。涉嫌侵犯制造方法专利权的，管理专利工作的部门可以要求被调查人进行现场演示。

3. 对证据的固定

（1）抽样取证

涉及产品专利的，可以从涉嫌侵权的产品中抽取一部分作为样品；涉及方法专利的，可以从涉嫌依照该方法直接获得的产品中抽取一部分作为样品。被抽取样品的数量应当以能够证明事实为限。

（2）登记保存

在证据可能灭失或者以后难以取得，又无法进行抽样取证的情况下，管理专利工作的部门可以进行登记保存，并在 7 日内做出决定。

经登记保存的证据，被调查的单位或者个人不得销毁或者转移。

4. 委托取证

管理专利工作的部门需要委托其他管理专利工作的部门协助调查收集证据的，应当提出明确的要求。接受委托的部门应当及时、认真地协助调查收集证据，并尽快回复。

5. 海关调查

海关对被扣留的侵权嫌疑货物进行调查，请求管理专利工作的部门提供协助的，管理专利工作的部门应当依法予以协助。

管理专利工作的部门处理涉及进出口货物的专利案件的，可以请求海关提供协助。

（六）侵权责任（《执法办法》第四十一条）

管理专利工作的部门认定专利侵权行为成立，做出处理决定，责令侵权人立即停止侵权行为的，应当采取下列制止侵权行为的措施：

①侵权人制造专利侵权产品的，责令其立即停止制造行为，销毁制造侵权产品的专用设备、模具，并且不得销售、使用尚未售出的侵权产品或者以任何其他形式将其投放市场；侵权产品难以保存的，责令侵权人销毁该产品。

②侵权人未经专利权人许可使用专利方法的，责令侵权人立即停止使用行为，销毁实施专利方法的专用设备、模具，并且不得销售、使用尚未售出的依照专利方法所直接获得的侵权产品或者以任何其他形式将其投放市场；侵权产品难以保存的，责令侵权人销毁该产品。

③侵权人销售专利侵权产品或者依照专利方法直接获得的侵权产品的，责令其立即停止销售行为，并且不得使用尚未售出的侵权产品或者以任何其他形式将其投放市场；尚未售出的侵权产品难以保存的，责令侵权人销毁该产品。

④侵权人许诺销售专利侵权产品或者依照专利方法直接获得的侵权产品的，责令其立即停止许诺销售行为，消除影响，并且不得进行任何实际销售行为。

⑤侵权人进口专利侵权产品或者依照专利方法直接获得的侵权产品的，责令侵权人立即停止进口行为；侵权产品已经入境的，不得销售、使用该侵权产品或者以任何其他形式将其投放市场；侵权产品难以保存的，责令侵权人销毁该产品；侵权产品尚未入境的，可以将处理决定通知有关海关。

⑥停止侵权行为的其他必要措施。

(七) 对决定的执行 (《专利法》第六十条第一款)

管理专利工作的部门做出认定专利侵权行为成立的处理决定后,被请求人向人民法院提起行政诉讼的,在诉讼期间不停止决定的执行。

侵权人期满不起诉又不停止侵权行为的,管理专利工作的部门可以申请人民法院强制执行。管理专利工作的部门或者人民法院做出认定侵权成立并责令侵权人立即停止侵权行为的处理决定或者判决之后,被请求人就同一专利权再次做出相同类型的侵权行为,专利权人或者利害关系人请求处理的,管理专利工作的部门可以直接做出责令立即停止侵权行为的处理决定。

(八) 对侵权认定不服的救济

《专利法》第六十条规定,管理专利工作的部门处理时,认定侵权行为成立的,可以责令侵权人立即停止侵权行为,当事人不服的,可以自收到处理通知之日起15日内依照《中华人民共和国行政诉讼法》向人民法院起诉;侵权人期满不起诉又不停止侵权行为的,管理专利工作的部门可以申请人民法院强制执行。进行处理的管理专利工作的部门应当事人的请求,可以就侵犯专利权的赔偿数额进行调解;调解不成的,当事人可以依照《中华人民共和国民事诉讼法》向人民法院起诉。

三、管理专利部门调解的其他专利纠纷 (《专利纠纷规定》第一条)

对于其他专利纠纷,当事人可以请求管理专利工作的部门调解,也可以向人民法院起诉。

①申请权归属纠纷。

涉及专利申请权的纠纷包括涉及职务发明创造或非职务发明创造的纠纷以及合作完成或委托完成的发明创造的专利申请权归属纠纷。

②专利权权属纠纷。

③发明人或设计人资格纠纷。

发明人、设计人资格案件,是指一项发明创造申请专利以后,关于谁是对该发明创造做出了创造性贡献的人而产生的纠纷。

④职务发明创造的发明人或设计人奖励、报酬纠纷。

四、假冒专利

(一) 假冒专利的种类

《细则》第八十四条规定了假冒专利的种类。

假冒专利的行为有以下几种:

①在未被授予专利权的产品或者其包装上标注专利标识,专利权被宣告无效

后或者终止后继续在产品或者其包装上标注专利标识，或者未经许可在产品或者产品包装上标注他人的专利号。

②销售第①项所述产品。

③在产品说明书等材料中将未被授予专利权的技术或者设计称为专利技术或者专利设计，将专利申请称为专利，或者未经许可使用他人的专利号，使公众将所涉及的技术或者设计误认为是专利技术或者专利设计。

④伪造或者变造专利证书、专利文件或者专利申请文件。

⑤其他使公众混淆，将未被授予专利权的技术或者设计误认为是专利技术或者专利设计的行为。

专利权终止前依法在专利产品、依照专利方法直接获得的产品或者其包装上标注专利标识，在专利权终止后许诺销售、销售该产品的，不属于假冒专利行为。

（二）假冒专利行为的法律责任

1. 民事责任

假冒专利同时构成专利侵权的，依法承担民事责任。

2. 行政责任

责令改正并予以公告；没收违法所得，同时可以并处违法所得 4 倍以下的罚款，没有违法所得的，可以处以 20 万元以下的罚款。

3. 刑事责任

假冒他人专利，情节严重的，处 3 年以下有期徒刑或者拘役，并处或者单处罚金。

4. 免予处罚的情形

销售不知道是假冒专利的产品，并且能够证明该产品合法来源的，由管理专利工作的部门责令停止销售，但免除罚款的处罚。

（三）对假冒专利行为的查处（《执法办法》第二十六至第三十条）

1. 立案

管理专利工作的部门发现或者接受举报发现涉嫌假冒专利行为的，应当及时立案，并指定两名或者两名以上案件承办人员进行调查。

2. 管辖

查处假冒专利行为由行为发生地的管理专利工作的部门管辖。

管理专利工作的部门对管辖权发生争议的，由其共同的上级人民政府管理专利工作的部门指定管辖；无共同上级人民政府管理专利工作的部门的，由国家知识产权局指定管辖。

3. 告知

管理专利工作的部门做出行政处罚决定前，应当告知当事人做出处罚决定的事实、理由和依据，并告知当事人依法享有的权利。

4. 听证

管理专利工作的部门做出较大数额罚款的决定之前，应当告知当事人有要求举行听证的权利。

当事人提出听证要求的，应当依法组织听证。

5. 期限

管理专利工作的部门查处假冒专利案件，应当自立案之日起 1 个月内结案。案件特别复杂需要延长期限的，应当由管理专利工作的部门负责人批准。经批准延长的期限，最多不超过 15 日。

6. 救济措施

管理专利工作的部门做出处罚决定后，当事人申请行政复议或者向人民法院提起行政诉讼的，在行政复议或者诉讼期间不停止决定的执行。

根据《行政诉讼法》第三十九条的规定，公民、法人或者其他组织直接向人民法院提起诉讼的，应当在知道做出具体行政行为之日起 3 个月内提出。

7. 执行

假冒专利行为的行为人应当自收到处罚决定书之日起 15 日内，到指定的银行缴纳处罚决定书写明的罚款；到期不缴纳的，每日按罚款数额的百分之三加处罚款。

（四）改正措施（《执法办法》第四十三条）

管理专利工作的部门认定假冒专利行为成立的，应当责令行为人采取下列改正措施：

①在未被授予专利权的产品或者其包装上标注专利标识、专利权被宣告无效后或者终止后继续在产品或者其包装上标注专利标识或者未经许可在产品或者产品包装上标注他人的专利号的，立即停止标注行为，消除尚未售出的产品或者其包装上的专利标识；产品上的专利标识难以消除的，销毁该产品或者包装。

②销售第①项所述产品的，立即停止销售行为。

③在产品说明书等材料中将未被授予专利权的技术或者设计称为专利技术或者专利设计，将专利申请称为专利，或者未经许可使用他人的专利号，使公众将所涉及的技术或者设计误认为是他人的专利技术或者专利设计的，立即停止发放该材料，销毁尚未发出的材料，并消除影响。

④伪造或者变造专利证书、专利文件或者专利申请文件的，立即停止伪造或者变造行为，销毁伪造或者变造的专利证书、专利文件或者专利申请文件，并消除影响。

⑤其他必要的改正措施。

第六章 国防专利实务

本章介绍专利申请文件的基础知识，讲述《专利法》《国防专利条例》《细则》以及《审查指南》对专利申请文件的格式及形式要求。

第一节 国防专利申请文件的格式及形式要求

一、专利的类型

（一）国防专利概况

国防专利只有发明一种类型，是指对产品、方法或者其改进所提出的新的技术方案。简单来说，发明涉及比较大的改进。比如，现有的钢笔是蘸水形式的，发明人在现有的蘸水钢笔基础上增加笔胆、出水通道等部件，设计出了可携带墨水的钢笔。对这种改进程度比较高的发明创造，可以申请发明专利。

（二）国防专利的特点

国防专利的保护客体分为产品发明和方法发明两大类型。

产品发明包括所有由人创造出来的物品，例如对机器、设备、部件、仪器、装置、用具、材料、组合物、化合物等做出的发明创造。方法发明包括所有利用自然规律的方法，例如对加工方法、制造工艺、测试方法、产品用途等所做出的发明。

专利法保护的发明可以是新的产品或方法，也可以是对现有产品或方法的改进。绝大多数发明都是对现有技术的改进，例如对某些技术特征进行新的组合，对某些技术特征进行新的选择等，只要这种组合或选择产生了新的技术效果，就是可以获得专利保护的发明。

二、专利申请文件的组成

（一）专利申请文件的组成

专利申请文件是申请专利时向国防知识产权局提交的材料。根据《国防专利条例》第十一条的规定，国防专利申请文件由请求书、说明书及其摘要、权利要求书以及其他附件组成。

(二) 申请文件的作用

1. 请求书

请求书是国防知识产权局统一印制的表格,专利代理师或申请人只要按照要求填写发明名称、发明人或设计人姓名、申请人姓名或名称、地址以及其他有关内容即可。

2. 说明书

说明书的作用是描述发明的技术内容,并使该领域普通技术人员能够实施。

3. 权利要求书

权利要求书是用来确定发明专利权的保护范围的法律文件。审查过程中,审查员的工作重点是审查权利要求是否满足相关规定。如果专利授权后发生侵权问题,在专利侵权判断过程中,法院审查的重点是被控侵权产品或方法有无落入权利要求的保护范围。因此,专利申请文件最重要的部分是权利要求书。权利要求书的撰写是实务的重点内容,也是本章讲解的重点。

第二节 说明书的格式及形式要求

说明书是理解发明创造的基础性文件,在实际撰写过程中应当记忆、理解说明书的各组成部分以及每一部分的形式要求。

一、发明说明书的组成部分(《细则》第十七条第一款)

(一) 名称

发明专利申请的说明书首先应当写明发明的名称。

(二) 说明书的 5 个组成部分

说明书通常应当包括 5 个方面,并按照下列顺序撰写:

①技术领域,写明要求保护的技术方案所属的技术领域。

②背景技术,写明对发明的理解、检索、审查有用的背景技术;有可能的,并引证反映这些背景技术的文件。

③发明内容,写明发明所要解决的技术问题以及解决其技术问题采用的技术方案,并对照现有技术写明发明的有益效果。

④附图说明,说明书有附图的,对各幅附图做简略说明。

⑤具体实施方式,详细写明申请人认为实现发明的优选方式;必要时,举例说明;有附图的,对照附图。

二、说明书各个组成部分的形式要求

下面对发明说明书各组成部分的撰写要求分别进行说明。

（一）名称（《审查指南》第一部分第一章第 4.1.1 节，第二部分第二章第 2.2.1 节）

发明的名称应当按照下列各项要求撰写：

①清楚、简要、全面地反映发明要求保护的技术方案的主题以及类型。

类型是指发明要求保护的是产品还是方法。例如一件包含拉链产品和该拉链制造方法两项发明的申请，其名称应当写成"拉链及其制造方法"。

②发明名称应采用所属技术领域通用的技术术语，不得含有非技术词语。

例如，人名、单位名称、地名、商标、型号或商品名称等，都属于非技术词语，不能出现在发明名称中。

③不得仅使用笼统的词语，致使未给出任何发明信息。

例如，不能仅用"方法""装置""组合物""化合物"等词作为发明名称。

④不得使用商业性宣传用语。

⑤简单明确，一般不超过 25 个字。化学领域的某些发明可以允许最多 40 个字。

（二）技术领域（《审查指南》第二部分第二章第 2.2.2 节）

这一部分应当写明要求保护的技术方案的所属技术领域。

发明要求保护的技术方案的所属技术领域是指其所属或者直接应用的具体技术领域，既不是发明所属或者应用的广义或上位技术领域，也不是其相邻技术领域，更不是发明本身。

技术领域部分应体现发明要求保护的技术方案的主题名称和发明的类型；不应写入发明相对于最接近的现有技术做出改进的区别技术特征。

【例 6.1】

一项关于挖掘机悬臂的发明，其改进之处是将背景技术中的长方形悬臂截面改为椭圆形截面。

建议写法：本发明涉及一种挖掘机，特别是涉及一种挖掘机悬臂（具体的技术领域）；不宜写成：本发明涉及一种建筑机械（上位的技术领域）。

不宜写成：本发明涉及挖掘机悬臂的椭圆形截面；或者本发明涉及一种截面为椭圆形的挖掘机悬臂（发明本身）。

（三）背景技术（《审查指南》第二部分第二章第 2.2.3 节）

背景技术部分是对发明的理解、检索、审查有用的背景技术，并且尽可能地引证反映这些背景技术的文件。引证的文件可以是专利文件，也可以是非专利文件。

通常对背景技术的描述应当包括三方面内容：

①注明其出处，通常可采用引证对比文件或指出公知公用这两种方式；对专利文件至少要写明专利文件的国别和公开号，最好包括公开日期，对非专利文件要写明这些文件的详细出处，使公众和审查员能从现有技术中检索到这些对比文件；对公知公用情况也要给出其具体发生的时间、地点以及可使公众和审查员能调研和了解到该现有技术的其他相关信息。

②简要说明该现有技术的相关技术内容，即简要给出该现有技术的主要结构和原理。

③客观地、实事求是地指出该现有技术存在的主要问题，但切忌采用诽谤性语言。

(四) 发明内容（《审查指南》第二部分第二章第2.2.4节）

这一部分应当写明发明所要解决的技术问题以及解决其技术问题采用的技术方案，并对照现有技术写明发明的有益效果。

1. 要解决的技术问题

发明所要解决的技术问题，是指发明要解决的现有技术中存在的技术问题。通常针对最接近的现有技术中存在的技术问题并结合本发明所取得的效果提出要解决的技术问题。

发明所要解决的技术问题在撰写时应当满足下面几点要求：

①应当采用正面语句直接、清楚、客观地说明要解决的技术问题。

②反映发明要求保护的技术方案的主题名称以及发明的类型。

③应当具体体现出其要解决的技术问题，但又不得包含技术方案的具体内容。

④不得采用广告宣传用语。

2. 技术方案

发明的技术方案在撰写时应当满足下面几点要求：

①用语与独立权利要求相同或者相应。

②必要时可以写入从属权利要求。

3. 有益效果

说明书应当清楚、客观地写明发明与现有技术相比所具有的有益效果。有益效果是指由构成发明的技术特征直接带来的或者是由这些技术特征必然产生的技术效果。

发明的有益效果在撰写时可采用以下方式：

①通常可通过分析发明结构特点或作用、理论说明、实验或试验数据证明的方式来描述有益效果，不得只断言发明具有很好的效果，最好通过与现有技术进行比较而得出。

②对机械、电学领域发明的有益效果，可通过分析结构特点、作用关系方式或理论说明的方式进行说明，化学领域发明的有益效果应当通过实验或试验数据

来说明。

(五) 附图说明（《审查指南》第二部分第二章第 2.2.5 节）

说明书有附图的，说明书文字部分应当在描述发明的具体实施方式之前集中对说明书中的各幅附图做简略说明。

附图说明部分应当满足下述几方面要求：

①应当按照机械制图国家标准对附图的图名、图示的内容做简要说明。

②附图不止一幅时，应当对所有的附图按顺序做出说明，且每幅附图应当单编一个图号。

(六) 具体实施方式（《审查指南》第二部分第二章第 2.2.6 节）

发明的具体实施方式部分对于充分公开、理解和再现发明以及支持和理解权利要求来说是十分重要的。这一部分应当详细写明申请人认为实现发明的优选实施方式，必要时举例说明，说明书有附图的应当对照附图做出说明。

在撰写发明的具体实施方式部分时应当注意下述几个方面：

①通常这一部分至少具体描述一个具体实施方式，以使所属技术领域的技术人员按照所描述的内容就能够实现发明。

②在权利要求（包括独立权利要求和从属权利要求）中出现概括性技术特征（包括功能性技术特征）时，具体实施方式中应当给出多个具体实施方式。

③通常对最接近的现有技术或者与最接近的现有技术共有的技术特征不必做详细展开说明，但对发明区别于最接近现有技术的技术特征，以及从属权利要求中出现的且不是现有技术或公知常识的技术特征应当详细地做出说明；尤其那些对充分公开发明来说必不可少的内容，不能采用引证其他文件的方式撰写。

④对于产品的发明，实施方式或者实施例应当描述产品的机械构成、电路构成或者化学成分，说明组成产品的各部分之间的相互关系；对于可动作的产品，必要时还应当说明其动作过程，以帮助对技术方案的理解。

⑤对于方法发明，应当写明其步骤，涉及的工艺条件可以用不同的参数或者参数范围来表示。

(七) 说明书的其他撰写要求（《审查指南》第二部分第二章第 2.2.7 节，《细则》第十七条第三款）

①采用该技术领域的技术术语，自然科学名词应尽量采用国家规定的统一用语。

②在结合附图描述实施方式时，应当引用附图标记进行描述，引用时应与附图所示一致，放在相应部件的名称之后，不加括号。

③不应当使用在所属技术领域中具有基本含义的词汇来表示其本意之外的其他含义。

④技术术语和符号应前后一致。

⑤应使用中文，在不产生歧义的前提下，个别词语可使用外文（如 EPROM、

CPU，计量单位等）。

⑥涉及计量单位，应采用国家法定计量单位。

⑦不可避免使用商品名称时，其后应注明其型号、规格、性能及制造单位。

⑧尽量避免使用注册商标来确定物质或者产品。

⑨不得使用"如权利要求……所述的……"一类引用语。

⑩不得使用商业宣传用语。

（八）说明书附图（《审查指南》第二部分第二章第 2.2.8 节）

附图是说明书的一个组成部分，用图形补充说明文字部分的描述，帮助本领域的普通技术人员直观地、形象地理解发明的每个技术特征和整体技术方案。

对于发明的附图，应该注意下述几个方面：

①发明的说明书中必须有附图，机械、电学、物理领域中涉及有结构的产品的发明说明书也应当有附图。

②发明的说明书有几幅附图时，用阿拉伯数字顺序编号，且每幅附图编一个图号；几幅附图可绘制在一张图纸上，按顺序排列，彼此应明显地分开。

③附图通常应竖直绘制，当零件横向尺寸明显大于竖向尺寸必须水平布置时，应当将该图的顶部置于图纸的左边，同一页上各幅附图的布置应采用同一方式。

④同一部件的附图标记在前后几幅附图中应当一致，即使用相同的附图标记，同一附图标记不得表示不同的部件。

⑤说明书中未提及的附图标记不得在附图中出现，说明书中出现的附图标记至少应在一幅附图中加以标注。

⑥附图应当用制图工具和黑色墨水绘制，线条应当均匀清晰、足够深，并不得着色和涂改。

附图的大小及清晰度应当保证在该图缩小到三分之二时仍能清楚地分辨出图中的各个细节。

⑦附图中除必需的文字外，不得含有其他注释，但对于流程图、框图一类的附图，应当在其框内给出必要的文字或符号；

⑧说明书附图集中放在说明书文字部分之后。

（九）说明书摘要（《审查指南》第二部分第二章第 2.4 节）

摘要是与专利有关的科学技术的重要情报，摘要的撰写应当满足下述要求：

①说明书摘要应当写明发明所公开内容的概要，即写明发明名称和所属技术领域，并清楚地反映所要解决的技术问题、解决该技术问题的技术方案的要点以及主要用途，其中以技术方案的要点为主。

②说明书中有附图的，应当指定并提供一幅最能说明该发明技术方案要点的附图作为摘要附图；摘要中可以包含发明的化学式，该化学式视为摘要附图。

③摘要应当简单扼要，全文（包括标点符号）不超过 300 字，摘要不分段。

④摘要中不得出现商业性宣传用语。

⑤摘要文字部分的附图标记应当加括号，且摘要文字部分出现的附图标记应当在摘要附图中加以标注。

三、《专利法》第二十六条第三款对说明书的要求

《专利法》第二十六条第三款规定了对说明书的实质上的要求：说明书应当对发明做出清楚、完整的说明，以所属技术领域的技术人员能够实现为准。《审查指南》第二部分第二章第2小节对该条款进行了更为详细的规定。

（一）清楚

说明书的内容应当清楚，具体应满足下述要求：

1. 主题明确

说明书应当从现有技术出发，明确地反映出发明想要做什么和如何去做，使所属技术领域的技术人员能够确切地理解该发明要求保护的主题。技术问题、技术方案和有益效果应当相互适应，不得出现相互矛盾或不相关联的情形。

2. 表述准确

说明书的表述应当准确地表达发明的技术内容，不得含糊不清或者模棱两可，以致所属技术领域的技术人员不能清楚、正确地理解该发明。

（二）完整

一份完整的说明书应当包含下列各项内容：

①帮助理解发明不可缺少的内容。例如，有关所属技术领域、背景技术状况的描述以及说明书有附图时的附图说明等。

②确定发明具有新颖性、创造性和实用性所需的内容。例如，发明所要解决的技术问题，解决其技术问题采用的技术方案和发明的有益效果。

③实现发明所需的内容。例如，为解决发明的技术问题而采用的技术方案的具体实施方式。

对于克服了技术偏见的发明，说明书中还应当解释为什么说该发明克服了技术偏见，新的技术方案与技术偏见之间的差别以及为克服技术偏见所采用的技术手段。

凡是所属技术领域的技术人员不能从现有技术中直接、唯一地得出的有关内容，均应当在说明书中描述。

（三）能够实现

说明书应当清楚地记载发明的技术方案，详细地描述实现发明的具体实施方式，完整地公开对于理解和实现发明必不可少的技术内容，达到所属技术领域的技术人员能够实现该发明的程度。

以下各种情况由于缺乏解决技术问题的技术手段而被认为无法实现：

①说明书中只给出任务和/或设想，或者只表明一种愿望和/或结果，而未给出任何使所属技术领域的技术人员能够实施的技术手段。

②说明书中给出了技术手段，但对所属技术领域的技术人员来说，该手段是含糊不清的，根据说明书记载的内容无法具体实施。

③说明书中给出了技术手段，但所属技术领域的技术人员采用该手段并不能解决发明所要解决的技术问题。

④申请的主题为由多个技术手段构成的技术方案，对于其中一个技术手段，所属技术领域的技术人员按照说明书记载的内容并不能实现。

⑤说明书中给出了具体的技术方案，但未给出实验证据，而该方案又必须依赖实验结果加以证实才能成立。例如，对于已知化合物的新用途发明，通常情况下，需要在说明书中给出实验证据来证实其所述的用途以及效果，否则将无法达到能够实现的要求。

四、化学发明的充分公开的特殊规定

《审查指南》第二部分第十章第3小节规定了有关化学发明的充分公开。此部分专业性比较强，内容也非常多，只需要掌握以下几点：

（一）化学产品的充分公开

要求保护的发明为化学产品本身的，说明书中应当记载：
①化学产品的确认（例如名称、分子式、结构式等）。
②化学产品的制备。
③化学产品的用途或效果。

（二）化学方法发明的充分公开

①化学方法发明均应当记载方法所用的原料物质、工艺步骤和工艺条件。
②对于方法所用的原料物质，应当说明其成分、性能、制备方法或者来源，使得本领域技术人员能够得到。

（三）化学产品用途发明的充分公开

对于化学产品用途发明，在说明书中应当记载所使用的化学产品、使用方法及所取得的效果，使得本领域技术人员能够实施该用途发明。如果本领域的技术人员无法根据现有技术预测该用途，则应当记载对于本领域的技术人员来说，足以证明该物质可以用于所述用途并能解决所要解决的技术问题或者达到所述效果的实验数据。

第三节 权利要求的格式及形式要求

权利要求书是国防专利申请文件最重要的部分，是专利审查过程中审查员重点审查的文件，也是授权后确定保护范围的重要文件。权利要求书由权利要求组成，一件申请的权利要求书中应当至少包括一项独立权利要求，还可以包括从属

权利要求。每一个权利要求都是一个技术方案，权利要求的技术方案由技术特征组成，权利要求书应当记载发明的技术特征。

一、独立权利要求和从属权利要求

（一）独立权利要求和从属权利要求的划分（《审查指南》第二部分第二章第3.1.2节）

一件发明专利申请的权利要求书中，至少包括一项独立权利要求，还可以包括从属权利要求。

1. 独立权利要求

在技术内容上，独立权利要求从整体上反映发明的技术方案，记载解决其技术问题所需的必要技术特征。

一件申请至少具有一项独立权利要求；具有多个技术主题的申请，还可以有并列独立权利要求。

2. 从属权利要求

一份权利要求书中具有多项权利要求时，如果其中一项权利要求包含了另一项权利要求中的所有技术特征，且对另一项权利要求的技术方案做进一步限定，则该权利要求为从属权利要求。

在技术内容上，从属权利要求用附加的技术特征，对引用的权利要求做进一步的限定。

独立权利要求通常为解决技术问题的最基本的技术方案，保护范围最大。从属权利要求的保护范围落入其引用的权利要求的保护范围之内。

（二）独立权利要求的撰写格式（《细则》第二十一条第一款）

独立权利要求通常采用两段式格式。即在撰写形式上，独立权利要求应当包括两个部分：前序部分和特征部分。

①前序部分：写明所要求保护的技术方案的主题名称以及要保护的技术方案与最接近的现有技术共有的必要技术特征。

②特征部分：通常以"其特征是……"或者类似的用语开始，写明发明区别于最接近的现有技术的技术特征，这些特征和前序部分写明的特征一起构成发明要求保护的技术方案，并限定了其保护范围。

【例6.2】

一种便携牙刷，具有刷柄和刷头，其特征在于：刷头和刷柄通过活动连接装置连接。

（三）从属权利要求的撰写格式（《细则》第二十二条第一款，《审查指南》第二部分第二章第3.1.2节）

通常从属权利要求也包括两个部分：引用部分和限定部分。

①引用部分，应当写明所引用的权利要求的编号及其主题名称。

②限定部分，紧接在该引用部分之后，通常以"其特征是……"开始，然后写明发明的附加技术特征，对其引用的权利要求做进一步限定。

从属权利要求的限定部分可以对独立权利要求特征部分中的特征进行进一步限定，也可以对前序部分的特征进行进一步限定。

附加技术特征可以是对引用权利要求技术特征的进一步限定的技术特征，也可以是增加的技术特征。

【例6.3】

根据权利要求1所述的便携牙刷，其特征在于：握柄的上壁有一个容纳刷毛的空腔。限定部分是增加技术特征。

根据权利要求1所述的便携牙刷，其特征在于：活动连接装置是连接轴。限定部分是进一步限定的技术特征。

(四) 从属权利要求的引用规则（《细则》第二十二条第一款、第二款）

1. 从属权利要求的主题应当与所引用的权利要求主题一致

【例6.4】

以下从属权利要求哪些存在撰写错误？

权利要求1：一种半导体器件，包括A、B和C。

权利要求2：如权利要求1所述的半导体器件的A，其特征在于，还包括D。

分析：

权利要求2的主题名称与所引用的权利要求1主题名称不一致，不符合《细则》第二十二条第一款的规定。

2. 从属权利要求只能引用在前的权利要求

从属权利要求只能引用其前面的权利要求，不能引用在其后面的权利要求。

3. 多项从属权利要求的择一引用（《细则》第二十二条第二款）

引用两项以上权利要求的从属权利要求被称为多项从属权利要求。

多项从属权利要求只能以择一方式引用在前的权利要求，即只能用"或"及其等同语，不得用"和"及其等同语。

【例6.5】

以下权利要求的引用关系是否正确？

权利要求3：根据权利要求1或2所述的便携式牙刷……

权利要求9：根据权利要求4~7中任一项所述的便携式牙刷……

分析：

权利要求3、9都是多项权利要求，权利要求3用"或"引用在先的权利要求，符合引用规定。

权利要求9用"任何一项"引用在先的权利要求，也符合规定。

4. 禁止多项引多项 (《细则》第二十二条第二款)

多项从属权利要求不得作为另一项多项从属权利要求的引用基础，即多项从属权利要求不得直接或间接地引用另一项多项从属权利要求。

【例 6.6】

以下权利要求的引用关系是否正确？

权利要求 4：根据权利要求 1 或 2 所述的便携牙刷，其特征在于：……

权利要求 5：如前述任意一项权利要求所述的便携牙刷，其特征在于：……

分析：

权利要求 4 本身是多项权利要求，权利要求 5 也是多项权利要求，权利要求 5 引用了权利要求 4，属于多项权利要求引多项权利要求，不符合规定。

5. 不允许写成保护范围从宽至窄的多个独立权利要求 (《细则》第二十一条第三款)

一项发明应当只有一个独立权利要求，并且写在同一发明的从属权利要求之前，不允许写成保护范围从宽至窄的多个独立权利要求。

【例 6.7】

权利要求 1：一种手机，包括 A，特征在于 B。

权利要求 2：一种手机，包括 A，特征在于 B+C。

权利要求 3：一种手机，包括 A，特征在于 B+C+D。

分析：

权利要求 2、3 包含了权利要求 1 的所有技术特征，应当是权利要求 1 的从属权利要求。

写为保护范围从宽到窄的多个独立权利要求，会造成权利要求不简明。

(五) 权利要求的其他格式要求 (《细则》第十九条)

①权利要求书有一项以上权利要求的，应当用阿拉伯数字顺序编号。

②权利要求中使用的科技术语应当与说明书中使用的科技术语一致。

③权利要求中可以有化学式或者数学式，但是不得有插图。

④除绝对必要外，权利要求中不得使用"如说明书……部分所述"或者"如图所示"等类似用语。

⑤权利要求中的技术特征可以引用说明书附图中相应的标记，这些标记应当用括号括起来，放在相应的技术特征后面。附图标记不得解释为对权利要求保护范围的限制。

二、独立权利要求和从属权利要求的区分

(一) 独立权利要求和从属权利要求的保护范围

在一件专利申请的权利要求书中，独立权利要求所限定的一项发明的保护范

围最宽。

如果一项权利要求包含了另一项同类型权利要求中的所有技术特征，且对该另一项权利要求的技术方案做了进一步的限定，则该权利要求为从属权利要求。由于从属权利要求用附加的技术特征对所引用的权利要求做了进一步的限定，所以其保护范围落在其所引用的权利要求的保护范围之内。

（二）并列独立权利要求

1. 并列独立权利要求的概念

一件专利申请的权利要求书中，应当至少有一项独立权利要求。当有两项或者两项以上独立权利要求时，写在最前面的独立权利要求被称为第一独立权利要求，其他独立权利要求称为并列独立权利要求。

2. 并列独立权利要求的引用

有时并列独立权利要求也引用在前的独立权利要求，例如，"一种实施权利要求 1 的方法的装置……"；"一种制造权利要求 1 的产品的方法……"；"一种包含权利要求 1 的部件的设备……"；"与权利要求 1 的插座相配合的插头……"等。

（三）假从属

在某些情况下，形式上的从属权利要求（即其包含有从属权利要求的引用部分），实质上不一定是从属权利要求。例如，独立权利要求 1 为："包括特征 X 的机床。"在后的另一项权利要求为："根据权利要求 1 所述的机床，其特征在于用特征 Y 代替特征 X。"在这种情况下，后一权利要求也是独立权利要求。

假从属是独立权利要求，但是应当注意这种假从属的撰写方式将导致权利要求不清楚。

三、权利要求的其他格式规定

根据《审查指南》第二部分第二章第 3 小节的规定，权利要求在撰写格式上应当注意以下问题：

①权利要求的保护范围是由权利要求中记载的全部内容作为一个整体限定的，因此每一项权利要求只允许在其结尾处使用句号。

②权利要求书有几项权利要求的，应当用阿拉伯数字顺序编号，编号前不得冠以"权利要求"或者"权项"等词。

③权利要求中可以有化学式或者数学式，但是不得有插图。

④除绝对必要外，权利要求中不得使用"如说明书……部分所述"或者"如图……所示"等类似用语。绝对必要的情况是指当发明涉及的某特定形状仅能用图形限定而无法用语言表达时，权利要求可以使用"如图……所示"等类

似用语。

⑤权利要求中通常不允许使用表格，除非使用表格能够更清楚地说明发明要求保护的主题。

⑥附图标记加括号。权利要求中的技术特征可以引用说明书附图中相应的标记，以帮助理解权利要求所记载的技术方案。但是，这些标记应当用括号括起来，放在相应的技术特征后面。附图标记不得解释为对权利要求保护范围的限制。

⑦权利要求中使用的科技术语应当与说明书中使用的科技术语一致。

⑧开放式与封闭式权利要求。通常开放式的权利要求宜采用"包含""包括""主要由……组成"的表达方式，其解释为还可以含有该权利要求中没有述及的结构组成部分或方法步骤。封闭式的权利要求宜采用"由……组成"的表达方式，其一般解释为不含有该权利要求所述以外的结构组成部分或方法步骤。

⑨权利要求的数值范围。一般情况下，权利要求中包含有数值范围的，其数值范围尽量以数学方式表达，例如"≥30℃""＞5"等。通常，"大于""小于""超过"等理解为不包括本数；"以上""以下""以内"等理解为包括本数。

四、产品权利要求与方法权利要求

《审查指南》第二部分第二章第 3.1.1 节对产品专利和方法专利的类型上的划分做了规定。

（一）产品权利要求与方法权利要求的划分依据

按照性质划分，权利要求有两种基本类型，即产品权利要求和方法权利要求。产品权利要求包括人类技术生产的物（产品、设备）；方法权利要求包括有时间过程要素的活动（方法、用途）。

常见的产品权利要求有物品、物质、材料、工具、装置、设备等权利要求；常见的方法权利要求有制造方法、使用方法、通信方法、处理方法以及将产品用于特定用途的方法等权利要求。

在类型上区分权利要求的目的是为了确定权利要求的保护范围。

（二）权利要求类型与权利要求保护范围的确定

1. 产品权利要求与方法权利要求的技术内容

产品权利要求适用于产品发明，通常应当用产品的结构特征来描述。

方法权利要求适用于方法发明，通常应当用工艺过程、操作条件、步骤或者流程等技术特征来描述。

2. 参数限定的产品权利要求

特殊情况下，当产品权利要求中的一个或多个技术特征无法用结构特征予以清楚地表征时，允许借助物理或化学参数表征。

3. 方法限定的产品权利要求

当无法用结构特征并且也不能用参数特征予以清楚地表征时，允许借助于方法特征表征。

4. 用途权利要求

用途权利要求属于方法权利要求，应当注意从权利要求的撰写措词上区分用途权利要求和产品权利要求。例如，"用化合物 X 作为杀虫剂"或者"化合物 X 作为杀虫剂的应用"是用途权利要求，属于方法权利要求，而"用化合物 X 制成的杀虫剂"或者"含化合物 X 的杀虫剂"，则不是用途权利要求，而是产品权利要求。

5. 保护范围的确定

通常情况下，在确定权利要求的保护范围时，权利要求中的所有特征均应当予以考虑，而每一个特征的实际限定作用应当最终体现在该权利要求所要求保护的主题上。

方法特征表征的产品权利要求的保护主题仍然是产品，其实际的限定作用取决于对所要求保护的产品本身带来何种影响。

对于主题名称中含有用途限定的产品权利要求，其中的用途限定在确定该产品权利要求的保护范围时应当予以考虑，但其实际的限定作用取决于对所要求保护的产品本身带来何种影响。

例如，主题名称为"用于钢水浇铸的模具"的权利要求，其中"用于钢水浇铸"的用途对主题"模具"具有限定作用。假设一件产品是"一种用于冰块成型的塑料模盒"，因塑料模盒的熔点远低于"用于钢水浇铸的模具"的熔点，不可能用于钢水浇铸，因此该产品不在上述权利要求的保护范围内。

然而，如果"用于……"的限定对所要求保护的产品或设备本身没有带来影响，只是对产品或设备的用途或使用方式的描述，则其对产品或设备例如是否具有新颖性、创造性的判断不起作用。例如，"用于……的化合物 X"，如果其中"用于……"对化合物 X 本身没有带来任何影响，则在判断该化合物 X 是否具有新颖性、创造性时，其中的用途限定不起作用。

五、权利要求书应当满足的《专利法》第二十六条第四款

《专利法》第二十六条第四款规定，权利要求书应当以说明书为依据，清楚、简要地限定要求专利保护的范围。这个法条是对权利要求的撰写非常重要的规定。《审查指南》第二部分第二章第 3.2 节对该法条做了更为详细的规定。下面按照法条的三个层次进行讲述：清楚、简要、以说明书为依据。

(一) 清楚

权利要求书应当清楚,是指每一项权利要求应当清楚,并且构成权利要求书的所有权利要求作为一个整体也应当清楚。

1. 主题名称清楚

权利要求的主题名称应当能够清楚地表明该权利要求的类型是产品权利要求还是方法权利要求。不允许采用模糊不清的主题名称,例如"一种……技术",或者在一项权利要求的主题名称中既包含有产品又包含有方法,例如"一种……产品及其制造方法"。

2. 权利要求的主题名称还应当与权利要求的技术内容相适应

产品权利要求适用于产品发明,通常应当用产品的结构特征来描述。方法权利要求适用于方法发明,通常应当用工艺过程、操作条件、步骤或者流程等技术特征来描述。

3. 每项权利要求所确定的保护范围应当清楚

(1) 用词准确

权利要求的保护范围应当根据其所用词语的含义来理解。一般情况下,权利要求中的用词应当理解为相关技术领域通常具有的含义。

(2) 几种含义不确定用语举例

权利要求中不得使用含义不确定的用语,如"厚""薄""强""弱""高温""高压""很宽范围"等,除非这种用语在特定技术领域中具有公认的确切含义,如放大器中的"高频"。对没有公认含义的用语,如果可能,应选择说明书中记载的更为精确的措词替换上述不确定的用语。

权利要求中不得出现"例如""最好是""尤其是""必要时"等类似用语。

当权利要求中出现某一上位概念,后面不能再出现下位概念。上下位概念应当分别在两项权利要求中予以限定。

在一般情况下,权利要求中不得使用"约""接近""等""或类似物"等类似的用语。

(3) 括号问题

除附图标记或者化学式及数学式中使用的括号之外,权利要求中应尽量避免使用括号,以免造成权利要求不清楚,例如"(混凝土)模制砖"。然而,具有通常可接受含义的括号是允许的,例如"(甲基)丙烯酸酯","含有10%~60%(重量)的A"。

(二) 简要

为避免权利要求之间相同内容的不必要重复,在可能的情况下,权利要求应尽量采取引用在前权利要求的方式撰写。

(三) 以说明书为依据

1. 含义

权利要求书应当以说明书为依据，是指权利要求应当得到说明书的支持。权利要求书中的每一项权利要求所要求保护的技术方案应当是所属技术领域的技术人员能够从说明书充分公开的内容中得到或概括得出的技术方案，并且不得超出说明书公开的范围。

2. 权利要求的概括

（1）概括的方式

通常，权利要求的概括性限定有以下两种方式：

①用上位概念概括。例如，用"气体激光器"概括氦氖激光器、氩离子激光器、一氧化碳激光器、二氧化碳激光器等。又如用"C1-C4烷基"概括甲基、乙基、丙基和丁基。再如，用"皮带传动"概括平皮带、三角皮带和齿形皮带传动等。

②用并列选择法概括，即用"或者"或者"和"并列几个必择其一的具体特征。例如，"特征A、B、C或者D"。又如，"由A、B、C和D组成的物质组中选择的一种物质"等。

采用并列选择法概括时，被并列选择概括的具体内容应当是等效的，不得将上位概念概括的内容，用"或者"与其下位概念并列。另外，被并列选择概括的概念，应含义清楚。例如在"A、B、C、D或者类似物（设备、方法、物质）"这一描述中，"类似物"这一概念含义是不清楚的，因而不能与具体的物或者方法（A、B、C、D）并列。

（2）对概括限定是否以说明书为依据的判断

①权利要求通常由说明书记载的一个或者多个实施方式或实施例概括而成。权利要求的概括应当不超出说明书公开的范围。

②如果所属技术领域的技术人员可以合理预测说明书给出的实施方式的所有等同替代方式或明显变形方式都具备相同的性能或用途，则应当允许申请人将权利要求的保护范围概括至覆盖其所有的等同替代或明显变形的方式。

③对于用上位概念概括或用并列选择方式概括的权利要求，概括的内容应当得到说明书的支持。

如果权利要求的概括包含申请人推测的内容，而其效果又难以预先确定和评价，应当认为这种概括超出了说明书公开的范围。

④如果权利要求的概括所包含的一种或多种下位概念或选择方式不能解决发明所要解决的技术问题，并达到相同的技术效果，则应当认为该权利要求没有得到说明书的支持。

⑤概括不当的例子。例如，对于"用高频电能影响物质的方法"这样一个概括较宽的权利要求，如果说明书中只给出一个"用高频电能从气体中除尘"

的实施方式，对高频电能影响其他物质的方法未做说明，而且所属技术领域的技术人员也难以预先确定或评价高频电能影响其他物质的效果，则该权利要求被认为未得到说明书的支持。

例如，对于"一种处理合成树脂成型物来改变其性质的方法"的权利要求，如果说明书中只涉及热塑性树脂的实施例，而且申请人又不能证明该方法也适用于热固性树脂，那么申请人就应当把权利要求限制在热塑性树脂的范围内。

3. 功能性限定

通常对产品权利要求来说，应当尽量避免以使用功能或者效果特征来限定发明。只有在某一技术特征无法用结构特征来限定，或者技术特征用结构特征限定不如用功能或效果特征来限定更为恰当，而且在该功能或者效果能通过说明书中规定的实验或者操作或者所属技术领域的惯用手段直接和肯定地验证的情况下，使用功能或者效果特征来限定发明才可能是允许的。

对于权利要求中所包含的功能性限定的技术特征，应当理解为覆盖了所有能够实现所述功能的实施方式。

对于含有功能性限定的特征的权利要求，该功能性限定应当得到说明书的支持。如果权利要求中限定的功能是以说明书实施例中记载的特定方式完成的，并且所属技术领域的技术人员不能明了此功能还可以采用说明书中未提到的其他替代方式来完成，或者所属技术领域的技术人员有理由怀疑该功能性限定所包含的一种或几种方式不能解决发明所要解决的技术问题，并达到相同的技术效果，则权利要求中不得采用覆盖了上述其他替代方式或者不能解决发明技术问题的方式的功能性限定。

纯功能性的权利要求得不到说明书的支持。

4. "支持"的判断原则

（1）以说明书全部内容作为判断依据

在判断权利要求是否得到说明书的支持时，应当考虑说明书的全部内容，而不是仅限于具体实施方式部分的内容。如果说明书的其他部分也记载了有关具体实施方式或实施例的内容，从说明书的全部内容来看，能说明权利要求的概括是适当的，则应当认为权利要求得到了说明书的支持。

（2）各权利要求单独判断

对于包括独立权利要求和从属权利要求或者不同类型权利要求的权利要求书，需要逐一判断各项权利要求是否都得到了说明书的支持。独立权利要求得到说明书支持并不意味着从属权利要求也必然得到支持；方法权利要求得到说明书支持也并不意味着产品权利要求必然得到支持。

（3）未以说明书为依据的补救

当要求保护的技术方案的部分或全部内容在原始申请的权利要求书中已经记

载而在说明书中没有记载时,允许申请人将其补入说明书。

但是权利要求的技术方案在说明书中存在一致性的表述,并不意味着权利要求必然得到说明书的支持。只有当所属技术领域的技术人员能够从说明书充分公开的内容中得到或概括得出该项权利要求所要求保护的技术方案时,记载该技术方案的权利要求才被认为得到了说明书的支持。

第四节 权利要求的类型与技术方案

一、产品权利要求与方法权利要求(《审查指南》第二部分第二章第 3.1.1 节)

(一)产品权利要求与方法权利要求的划分标准

按照权利要求所保护的技术方案的性质划分,权利要求有两种基本类型:产品权利要求和方法权利要求。

产品权利要求,又称作物的权利要求,它包括人类技术生产的物(产品、设备),例如物品、物质、材料、工具、装置、设备、仪器、部件、元件、线路、合金、组合物、化合物,等等。

方法权利要求,又称作活动的权利要求,它所保护的是有时间要素的活动,例如制造方法、使用方法、通信方法、处理方法以及将产品用于特定用途的方法。

(二)产品权利要求的撰写要求

产品权利要求尽可能用产品本身的结构特征加以确切定义,例如用零件或构件的形状、位置关系及连接关系定义物体如机器、设备或装置,用分子式、结构式或 DNA 序列定义化学物质和基因,用组分和含量定义组合物等。

(三)方法权利要求的撰写要求

方法权利要求应当用方法本身的特征定义,例如产品的生产方法通常用所采用的原料、生产的工艺过程、操作条件和所得到的产品来定义,一般的处理方法通常用所处理的对象、处理的过程及条件和所要达到的结果来定义。产品的新用途也属于方法,例如"组合物 X 作为抗菌剂的应用……"

【例 6.8】

权利要求 1:一种浸泡袋,上述浸泡袋具有透水性外包装层,外包装层的边缘黏合起来形成边缘部,其特征在于:上述外包装层的内侧设置有引导细绳,边缘部上设置有引导通道,引导细绳从边缘部上的引导通道进入浸泡袋,绕过设置在相对的边缘部上的转向柱改变方向后,从边缘部上的引导通道导出。

分析：

权利要求1是产品权利要求，其使用的技术特征包括部件的名称、形状、连接关系、材质等技术内容。

【例6.9】

方法权利要求

权利要求1：一种制备浸泡袋的方法，包括以下步骤：

在第一薄层材料层上放置浸泡物质和细绳；

用第二薄层材料层覆盖第一薄层材料层；

在边界处将所述两个薄层材料层结合形成边缘部，其特征在于：

边缘部上留出引导通道，细绳通过边缘部上引导通道的引导，并在相对的边缘部上改变方向后，从边缘部上的引导通道导出。

分析：

权利要求1为方法权利要求，从产品的制造步骤、用途等方面对技术方案进行限定。

二、权利要求的技术方案

（一）技术特征与技术方案

每一项权利要求都是一个所要求保护的技术方案。技术方案是对要解决的技术问题所采取的利用了自然规律的技术手段的集合。技术手段通常是由技术特征来体现的，技术方案由技术特征构成。技术特征可以是构成发明技术方案的组成要素，也可以是要素之间的相互关系。

【例6.10】

下面的权利要求中，技术特征都有哪些？

一种便携式牙刷，由牙刷本体、兼作刷柄的盒体和置于盒体内的牙膏软袋组成，其特征在于：

牙刷本体与盒体之间通过铰链连接在一起，所述盒体的上壁上有一个形状、大小与刷毛相应的空腔，携带时所述牙刷本体上的刷毛正好位于此空腔内。

分析：

上述权利要求作为一个整体是一个技术方案。这个技术方案是由多个技术特征组成的，这些技术特征包括：①便携式牙刷，由牙刷本体、兼作刷柄的盒体和置于盒体内的牙膏软袋组成（部件的结构）；②牙刷本体与盒体之间通过铰链连接在一起（部件之间的连接关系）；③盒体的上壁上有一个形状、大小与刷毛相应的空腔（部件的结构）；④携带时所述牙刷本体上的刷毛正好位于此空腔内（连接关系/作用）。

（二）技术方案的数量

一般情况下，一项权利要求包括一个技术方案。对于采用并列选择方式撰写的权利要求，一项权利要求会包括多个技术方案。

【例 6.11】

下面的权利要求中，包括几个技术方案？

一种便携式牙刷，由牙刷头部、牙刷柄组成，其特征在于，牙刷头部和/或牙刷柄上设有带凸点的橡胶层。

分析：

上述权利要求包括三个技术方案：

方案一：一种便携式牙刷，由牙刷头部、牙刷柄组成，其特征在于，牙刷头部上设有带凸点的橡胶层。

方案二：一种便携式牙刷，由牙刷头部、牙刷柄组成，其特征在于，牙刷柄上设有带凸点的橡胶层。

方案三：一种便携式牙刷，由牙刷头部、牙刷柄组成，其特征在于，牙刷头部和牙刷柄上设有带凸点的橡胶层。

(三) 权利要求的保护范围

专利最大的作用在于保护发明创造，在保护发明创造的过程中，权利要求起到确定保护范围的作用。根据《专利法》第五十九条的规定，发明的保护范围以其权利要求的内容为准，说明书及附图可以用于解释权利要求的内容。

作为专利代理师，撰写权利要求首要任务是为申请人争取比较宽的保护范围，以利于保护发明创造。

1. 技术特征的数量对保护范围的影响

权利要求的保护范围通常由记载在该权利要求中的全部内容作为一个整体来限定。对于有多个权利要求的专利，每一项权利要求都确定了一个保护范围。

权利要求是由组成技术方案的技术特征来限定的，技术特征越多，所限定的保护范围越小。

记载在权利要求中的每一个技术特征都会对该权利要求的保护范围产生一定的限定作用。所谓"限定作用"，是指但凡在权利要求中写入一个技术特征，就表明该权利要求所要求保护的技术方案应当包含该技术特征。

2. 技术特征的措辞对保护范围的影响

权利要求中每个特征的术语越具体，权利要求的保护范围越小，表达每一个技术特征所采用的措词越是具有广泛的含义，则该权利要求的保护范围就越大。

【例 6.12】

权利要求1：一种杯子，包括杯体，其特征在于，在杯体侧面相对设置有用于防滑的结构。

权利要求2：一种杯子，包括杯体，其特征在于，在杯体侧面相对设置有用于防滑的凹槽。

权利要求3：一种杯子，包括杯体，其特征在于，在杯体侧面相对设置有用于防滑的弧形凹槽。

分析：

权利要求1采用了含义更为广泛的特征"防滑的结构"，权利要求2将"防滑的结构"具体限定为"防滑的凹槽"，权利要求3进一步具体为"防滑的弧形凹槽"。三个权利要求的保护范围不相同，权利要求1的保护范围最大，权利要求3的保护范围最小。

（四）独立权利要求与从属权利要求的保护范围

1. 独立权利要求的保护范围

独立权利要求从整体上反映了发明的技术方案，记载了解决发明提出的技术问题的最基本的技术方案，其保护范围最宽。

由于独立权利要求的保护范围最宽，并且从整体上反映了解决发明所提出的技术问题的技术方案，对保护申请人的利益最为有效。

独立权利要求的划界，不影响独立权利要求保护范围的确定。

2. 从属权利要求的保护范围

从属权利要求包含了另一项同类型的权利要求中的所有技术特征，对该另一项权利要求的技术方案做了进一步限定。

从属权利要求的保护范围落入其引用的权利要求的保护范围之内。

【例6.13】

请分析如下两个权利要求的保护范围。

权利要求1：一种便携牙刷，具有牙刷柄和牙刷头（4），其特征在于：牙刷柄由握柄（1）和折叠柄（3）构成，握柄（1）通过活动连接装置与折叠柄（3）以折叠方式连接。

权利要求2：根据权利要求1所述的便携牙刷，其特征在于：

握柄（1）的上壁有一个形状、大小与牙刷刷毛相应的空腔（7），折叠柄向内折叠时，折叠柄（3）与握柄（1）叠合，牙刷头（4）的刷毛位于空腔的开口上。

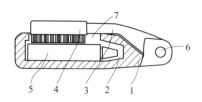

便携式牙刷示意图

分析:

权利要求1限定了牙刷的整体结构,权利要求2进一步限定了牙刷握柄上设置有空腔。权利要求2的技术方案包括权利要求1的技术方案,因此权利要求2的保护范围比权利要求1的保护范围小。下面通过表6-1以对比的方式对比两个权利要求的技术方案。

表6-1 权利要求对比表

权利要求	技术方案	保护范围
1. 一种便携牙刷,具有牙刷柄和牙刷头(4),其特征在于:牙刷柄由握柄(1)和折叠柄(3)构成,柄(1)通过活动连接装置与折叠柄(3)以折叠方式连接	一种便携牙刷,具有牙刷柄和牙刷头(4),牙刷柄由握柄(1)和折叠柄(3)构成,握柄(1)通过活动连接装置与折叠柄(3)以折叠方式连接	保护范围比较大,凡是刷柄可折叠的牙刷,都会落入保护范围
2. 根据权利要求1所述的便携牙刷,其特征在于:握柄(1)的上壁有一个形状、大小与牙刷刷毛相应的空腔(7),折叠柄向内折叠时,折叠柄(3)与握柄(1)叠合,牙刷头(4)的刷毛位于空腔的开口上	一种便携牙刷,具有牙刷柄和牙刷头(4),其特征在于:牙刷柄由握柄(1)和折叠柄(3)构成,握柄(1)通过活动连接装置与折叠柄(3)以折叠方式连接,握柄(1)的上壁有一个形状、大小与牙刷刷毛相应的空腔(7),折叠柄向内折叠时,折叠柄(3)与握柄(1)叠合,牙刷头(4)的刷毛位于空腔的开口上	保护范围相对小,只有刷柄可折叠、刷柄上设置容纳刷毛的空腔的牙刷,才会落入保护范围

(五)权利要求书的多层次保护体系

实践中,一件专利申请的权利要求书中会包括多个权利要求。通常情况下独立权利要求尽量采用概括的限定方式使其保护范围最大,而从属权利要求则或者不断增加新的技术特征,或者不断将概括的内容具体化,从而使权利要求的保护范围越来越小。这样做的目的是在专利申请中构造出多层次的保护体系。权利要求书中构造多层次保护体系有利于多层次地对发明创造进行保护,而且在专利审查、复审、无效程序中留有修改余地。

表6-2以示例形式给出一个发明专利申请文件。

表6-2 便携式牙刷专利申请文件及写法分析

说明书	写法分析
便携式牙刷 **技术领域** 　　本发明涉及一种便携式牙刷，尤其是一种可将牙膏和牙刷一体携带的便携式牙刷。 **背景技术** 　　人们到外地工作、旅行，日常洗漱用品是随身之物。目前在市场上最常见的便携式漱具由漱具盒、普通牙刷、牙膏袋组成，携带时将牙刷、牙膏袋放入漱具盒，使用时从盒中取出即可，但这样的漱具盒太大，不便携带。 　　中国实用新型公开说明书CN212345678U公开了一种牙刷、牙膏袋在携带时合为一体的旅行牙刷，如图1所示，此旅行牙刷有一个可兼作刷柄的盒体31，盒体31的侧壁设有开口，盖体35可盖住开口。此盒体31内放置小包装牙膏袋34以及牙刷头32。牙刷头32为分体设置的，具有插销，可插在与盖体35相对的侧壁的开孔33上。不使用时，可将牙刷头从盒体一侧的开口插入此盒，防止刷毛在旅行携带时被弄脏；使用时将牙刷头取出，倒过来安装在盒体上，即可刷牙。但是，这种牙刷操作起来十分烦琐，使用不方便。 **发明内容** 　　本发明要解决的技术问题是提供一种使用、携带更方便的便携式牙刷。 　　为解决上述技术问题，本发明提供一种便携式牙刷，具有牙刷柄和牙刷头，牙刷头上设置有刷毛，牙刷柄由握柄和折叠柄构成，其中握柄通过旋转连接装置与折叠柄以折叠方式连接。 　　为了进一步解决本发明所要解决的技术问题，本发明提供的便携式牙刷中，握柄内部形成有放置牙膏袋的中空腔体，该中空腔体具有开口，开口的大小与牙刷刷毛相应，当牙刷折叠放置时，牙刷的刷毛正好落入中空腔体的开口内。 　　采用这样的结构后，由于刷柄采取可折叠方式，因此携带、使用方便。此外，盒体壁上设置了接纳刷毛的空腔，旅行携带时，刷毛就置于此空腔内，从而可保持刷毛清洁，符合卫生要求。 **附图说明** 　　下面结合附图和具体实施方式对本发明做进一步详细的说明。	名称：应简明、准确地表明发明专利请求保护的主题。名称中不应含有非技术性词语，不得使用商标、型号、人名、地名或商品名称等。名称不得超过25个字，应写在说明书首页正文部分的上方居中位置。 　　说明书应按以下五个部分顺序撰写：技术领域；背景技术；发明内容；附图说明；具体实施方式；并在每一部分前面写明标题。 　　技术领域：应写明发明技术方案所属或直接应用的技术领域。 　　背景技术：是指对发明的理解、检索、审查有用的技术，可以引证反映这些背景技术的文件。此外，还要客观地指出背景技术中存在的问题和缺点，引证文献、资料的，应写明其出处。 　　发明内容：应包括发明所要解决的技术问题、解决其技术问题所采用的技术方案及其有益效果。 　　要解决的技术问题：是指要解决的现有技术中存在的技术问题，应当针对现有技术存在的缺陷或不足，用简明、准确的语言

续表

说明书	写法分析
图1是现有技术中便携式牙刷具体实施方式的剖视图。 图2是本发明便携式牙刷的具体实施方式的剖视图。 具体实施方式 图2显示出本发明改进后的便携式牙刷。与现有的牙刷相同，本发明的牙刷也是由牙刷头4和牙刷柄组成，牙刷头4上设置有刷毛，用于刷牙时使用。牙刷柄用于刷牙时握持牙刷。与现有技术不同的是，牙刷柄分为折叠柄3、握柄1两个部分，折叠柄3和握柄1之间通过连接轴6连接起来，从而折叠柄3可围绕连接轴6转动。不使用牙刷时，折叠柄3折叠起来，携带方便。折叠柄3也可以通过铰链轴、枢轴等其他旋转连接装置连接。 此外，如图2所示，本发明的握柄1为细长形，内部形成有中空腔体2，用于放置牙膏袋5。该握柄1的顶壁具有开口7，开口7的大小与牙刷刷毛相应，当牙刷折叠放置时，牙刷的刷毛正好落入开口7内。握柄的顶壁开口7与容置牙膏袋的中空腔体2连通。 使用时，旋开折叠柄3，取出牙膏袋5，可挤出牙膏。用毕，将牙膏袋5放入握柄1的中空腔体2内，将折叠柄3折叠至如图2所示状态。 权利要求书 1. 一种便携式牙刷，具有牙刷柄和牙刷头（4），牙刷头（4）上设置有刷毛，牙刷柄由握柄（1）和折叠柄（3）构成，其特征在于：握柄（1）通过旋转连接装置与折叠柄（3）以折叠方式连接。 2. 根据权利要求1所述的便携式牙刷，其特征在于：握柄（1）顶壁具有开口（7），开口（7）的大小与牙刷刷毛相应，当牙刷折叠放置时，牙刷的刷毛正好落入顶壁开口（7）内。 3. 根据权利要求2所述的便携式牙刷，其特征在于：握柄内部形成有放置牙膏袋（5）的中空腔体（2）。 4. 根据权利要求3所述的便携式牙刷，其特征在于：握柄顶壁上的开口（7）与中空腔体（2）连通。	写明所要解决的技术问题，也可以进一步说明其技术效果，但是不得采用广告式宣传用语。 技术方案：首先应当写明独立权利要求的技术方案，可以写入从属权利要求的技术方案。 有益效果：是发明和现有技术相比所具有的优点及积极效果，它是由技术特征直接带来的，或者是由技术特征产生的必然的技术效果。 附图说明：应写明各附图的图名和图号，对各幅附图做简略说明，必要时可将附图中标号所示零部件名称列出。 具体实施方式：应当对照附图对发明的形状、构造进行说明，实施方式应与技术方案相一致，并且应当对权利要求的技术特征给予详细说明，以支持权利要求。附图中的标号应写在相应的零部件名称之后，使所属技术领域的技术人员能够理解和实现，必要时说明其动作过程或者操作步骤。 独立权利要求：应从整体上反映发明的技术方案，记载解决的技术问题的必要技术特征。独立权利要求应包括前序部分和特征部分。 前序部分，写明要求保护的主题名称及与其最接近的现有技术共有的必要技术特征。特征部分使用"其特征是"，写明区别于最接近的现有技术的技术特征。

续表

说明书	写法分析
5. 根据权利要求1或2所述的便携式牙刷,其特征在于:旋转连接装置是铰链轴或枢轴。 6. 根据权利要求1或2所述的便携式牙刷,其特征在于:握柄(1)为细长形盒体。说明书附图: 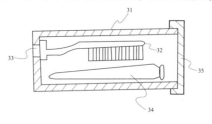 图1 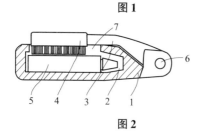 图2	从属权利要求:用附加的技术特征,对所引用的权利要求做进一步的限定或者增加技术特征。从属权利要求包括引用部分和限定部分。引用部分应写明所引用的权利要求编号及主题名称,该主题名称应与独立权利要求主题名称一致,限定部分写明附加技术特征。从属权利要求应按规定格式撰写,即"根据权利要求(引用的权利要求的编号)所述的(主题名称),其特征是……。" 说明书附图:每一幅图应当用阿拉伯数字顺序编图号。附图中的标记应当与说明书中所述标记一致。有多幅附图时,各幅图中的同一零部件应使用相同的附图标记。附图中不应当含有中文注释,应使用制图工具按照制图规范绘制,图形线条为黑色,图上不得着色。
说明书摘要	
本发明公开了一种便携式牙刷,具有牙刷柄和牙刷头(4),牙刷头(4)上设置有刷毛,牙刷柄由握柄(1)和折叠柄(3)构成,握柄(1)通过旋转连接装置与折叠柄(3)以折叠方式连接。本发明提供的牙刷具有使用和携带都方便、卫生的优点。	说明书摘要:应写明发明或实用新型的名称、技术方案的要点以及主要用途。摘要全文不超过300字,不得使用商业性的宣传用语,并提交一幅从说明书附图中选出的附图做摘要附图。
摘要附图	
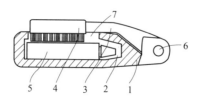	摘要附图:从说明书附图中选出一幅有代表性的附图。

第七章 专利撰写

专利撰写一直是广大技术人员比较难把握的问题，在实际操作过程中除了充分理解法条外重点还要结合实际灵活应用，本章对有关的法条进行了进一步的解析，帮助读者深入理解其深刻含义，通过选择典型案例进行分析和撰写示范，针对权利要求的概括、并列发明点的撰写以及多个并列技术主题的撰写等难点问题进行示范和解析，帮助读者建立起专利撰写的完整知识体系，增强撰写、解决问题的实际操作水平。

第一节　撰写有关的法条解析

一、对《专利法》第二条第二款的理解与适用

（一）法律规定

《专利法》第二条第二款规定，发明是指对产品、方法或者其改进所提出的新的技术方案。

（二）理解适用

《专利法》第二条第二款与第五条、第二十五条都规定了不能授予专利权的客体条件。《专利法》第二十二条第四款规定了授予专利权的发明或者实用新型应当具有实用性。专利申请撰写以前，需要排除这些不能授予专利权的内容。

根据《审查指南》第二部分第一章第 2 小节的规定，技术方案是对要解决的技术问题所采取的利用了自然规律的技术手段的集合。技术手段通常是由技术特征来体现的。未采取技术手段解决技术问题，以获得符合自然规律的技术效果的方案，不属于《专利法》第二条第二款规定的客体。

（三）案例分析

对权利要求不是专利法意义上的技术方案进行分析时，应当从权利要求的方案是否采取技术手段，是否解决技术问题，是否产生技术效果来判断权利要求是否符合《专利法》第二条第二款的规定。

【案例 7.1】

分析权利要求 1 是否符合相关规定？

说明书：一种香烟盒，其利用了香烟盒廉价、传播范围广的特点，在香烟盒上设置广告。

权利要求1：
一种利用香烟盒进行广告宣传的方法，所述香烟盒具有盒体，其特征在于：在盒体的至少一个外侧面上印有商标、图形或文字。

分析：
权利要求1要求保护的是利用香烟盒进行广告宣传的方法，但采取的手段没有对烟盒的结构产生影响，因此没采取技术手段，权利要求1不符合《专利法》第二条第二款的规定。

参考答案：
《专利法》第二条第二款规定，发明是指对产品、方法或者其改进所提出的新的技术方案。权利要求1要求保护一种利用香烟盒进行广告宣传的方法，该方法不涉及香烟盒本身的构造，香烟盒只作为信息表述的载体，其特征不是技术特征，也即没有采取利用自然规律的技术手段，解决的问题也不是技术问题，不能获得技术效果，因而不能构成技术方案，不符合《专利法》第二条第二款的规定。

二、对《专利法》第二条第三款的理解与适用

（一）法律规定

《专利法》第二条第三款规定，实用新型是指对产品的形状、构造或者其结合所提出的适于实用的新的技术方案。

（二）理解适用

根据《审查指南》第一部分第二章第6小节的规定，实用新型专利只保护经过产业方法制造的，有确定形状、构造且占据一定空间的实体。理解该规定需要注意以下两个方面：

①方法以及未经人工制造的自然存在物的物品不属于实用新型专利保护的客体。但是，权利要求中可以使用已知方法的名称限定产品的形状、构造。

②实用新型的技术方案不能是物质的分子结构、组分、金相结构等，但是权利要求中可以包含已知材料的名称。

【例7.1】
以下权利要求是否属于实用新型的保护客体？
一种便携式牙刷，包括牙刷柄、牙刷头，牙刷头上设置有刷毛，其特征在于，刷毛通过热熔的方式固定在牙刷头上。

分析：
虽然权利要求中的技术特征"热熔"是方法，但是"热熔"属于已知方法，

限定刷毛与牙刷头之间的连接关系。整个权利要求的方案仍然属于产品,是实用新型的保护的客体,符合《专利法》第二条第三款的规定。

【例 7.2】

以下权利要求是否属于实用新型的保护客体?

一种心脏封堵器,包括记忆合金制成的本体,其特征在于:本体包括两个对称的伞状头部,两个伞状头部之间连接有腰部。

分析:

虽然权利要求中包括材料特征"记忆合金",但是"记忆合金"属于已知材料,可以用在实用新型权利要求中,权利要求的技术方案仍然是产品,符合《专利法》第二条第三款的规定。

(三) 案例分析

权利要求中出现材料特征时,是否符合《专利法》第二条第三款规定的问题,判断权利要求是否属于实用新型的保护客体的关键在于权利要求中出现的材料特征是否被对比文件公开。如果对比文件公开了实用新型权利要求中的材料特征,则权利要求属于实用新型的技术方案。如果对比文件未公开实用新型权利要求中的材料特征,则权利要求不符合《专利法》第二条第三款的规定。

【案例 7.2】

权利要求 2 是否为实用新型的保护客体?

某实用新型专利的权利要求 2 如下:"根据权利要求 1 所述的药枕,其特征在于药垫(9)内装有重量配比为 3:2 的茶叶和荞麦皮的混合物。"

实用新型专利的说明书公开了一种枕头,枕头上缝制有药垫。权利要求 1 涉及枕头的结构,权利要求 2 进一步限定了药垫的组分。

对比文件 1 也公开了一种药枕,并在说明书中具体公开:药枕上通过缝纫或者粘钩等方式结合装有药物的药垫,药物由麝香、人参等能预防和治疗颈椎病的药物构成。

分析:

权利要求 2 涉及药垫的组分,并未被对比文件公开,因此权利要求 2 属于对材料的改进,权利要求 2 的技术方案不属于实用新型的保护客体。

参考答案:

《专利法》第二条第三款规定,实用新型,是指对产品的形状、构造或者其结合所提出的适于实用的新的技术方案。

权利要求 2 的附加技术特征是对产品材料的限定,对比文件中也并未公开药垫的组分是茶叶与荞麦皮的混合物,因此权利要求 2 是对材料本身提出的改进。由此,权利要求 2 的方案不属于实用新型专利保护的客体,不符合《专利法》第二条第三款的规定。

【案例 7.3】

权利要求 4 是否为实用新型的保护客体？

某实用新型权利要求 4 如下："如权利要求 1 所述的硬质冷藏箱，其特征在于：所述保温中间层为泡沫材料。"

实用新型专利说明书公开了一种保温桶，为了获得保温效果，在保温桶侧壁内外层之间设置保温层。其权利要求 4 限定了保温中间层的材料。

对比文件 1（现有技术）公开如下内容：为了增强箱本体 1 的保温效果，箱本体的保温中间层采用泡沫材料。

分析：

保温中间层为泡沫材料已经被对比文件公开，因此权利要求中出现的材料特征属于使用已知材料的名称，权利要求仍属于实用新型的保护客体。

参考答案：

对比文件 1 公开了保温层可以采用泡沫材料，因此权利要求 4 不属于对材料本身提出的改进，符合《专利法》第二条第三款的规定。

三、对《专利法》第二十六条第三款的理解与适用

（一）法律规定

《专利法》第二十六条第三款规定，说明书应当对发明或实用新型做出清楚、完整的说明，以所属技术领域的技术人员能够实现为准。

（二）理解适用

《专利法》第二十六条第三款规定了说明书应当满足的总体要求，《审查指南》第二部分第二章第 2.1 节对此做了更为详细的规定。

《专利法》第二十六条第三款法条有以下含义：

1. 说明书应当充分公开发明或实用新型的技术内容

①清楚，即指说明书记载的内容清楚揭示了发明和实用新型的实质。为此说明书中记载的内容应当满足两方面的要求。

一是主题明确，即从现有技术出发，清楚地写明发明或者实用新型所要解决的技术问题、为解决该技术问题所采用的技术方案以及该方案所能取得的有益技术效果，从而该领域技术人员能够确切理解该发明或实用新型所要求保护的内容。

二是用词准确，即说明书应当使用发明或者实用新型所属技术领域的技术术语。用词应当准确表达发明或者实用新型的技术内容，不应模棱两可、含糊不清而造成所属技术领域的技术人员不能清楚、正确地理解发明或者实用新型。

②完整，即指说明书包括《细则》第十七条第一款规定的组成部分，不得缺少有关理解、再现发明或者实用新型所必需的任何技术内容。

③实现，即指所属技术领域人员根据说明书所描述的技术内容，不需创造性劳动就能再现发明或者实用新型的技术方案，解决其技术问题，并产生预期的技术效果。

2. 以下情况被认为由于缺乏解决技术问题的技术手段而无法实现

①说明书中只给出任务和/或设想或者只表明愿望和/或结果，而未给出能够实施的技术手段。

②说明书中只给出含糊不清、无法具体实施的技术手段。

③说明书中给出的技术手段不能解决所述的技术问题。

④对于由多个技术措施构成的技术方案，其中一个技术措施按照说明书记载的内容不能实施。

⑤说明书中给出了需要实验结果才能证实其成立的技术方案，但说明书中未提供实验证据。

说明书充分公开发明创造内容只需要达到能再现发明或者实用新型的程度，并不需要将产品所有的技术内容全部描述出来。

另外，说明书只需要描述可以实现发明的优选实施例，不需要描述最佳实施例。最佳实施例可以作为技术秘密加以保护。

（三）案例分析

在技术方案具有新颖性和创造性的前提下，不公开技术诀窍的好处在于能保留技术秘密，从而使己方在市场竞争中处于有利地位；而其弊端在于一旦上述技术方案不具有新颖性和创造性时，就不能通过将申请时所保留的技术诀窍在审查过程或专利无效过程中补入专利申请文件或专利文件中，使本专利申请或本专利相对于现有技术具备新颖性和创造性。

【案例7.4】

申请人提出了一项饮料瓶盖的专利申请，涉及饮料瓶盖的结构。这个饮料瓶盖的瓶口用隔挡片进行密封。虽然现有的隔挡片也能适用于本发明，但新研制的隔挡片材料效果更好，并希望以商业秘密的方式加以保护。请问：如果所撰写的该申请的说明书中不记载改进后的隔挡片材料，能否满足说明书应当充分公开发明的要求？

分析：

申请人的发明创造技术改进点在于饮料瓶盖的结构，隔挡片的材料只要采取现有技术的材料，能配合瓶盖解决相应的技术问题即可，不需要将新的改进写入说明书中。

参考答案：

现有的隔挡片也能适用于该发明，因此本领域技术人员只要将现有技术中已有的隔挡片应用于新发明的技术方案中，就能够实现相应的方案，解决其技术问题，并且产生预期的技术效果。

新改进的隔挡片材料是一种更加优选的实施方式，但并不是实现该发明所必需的技术信息，因此，说明书中即便不公开改进后的隔挡片材料，也不影响技术方案的实现，能够满足说明书应当充分公开发明的要求。

【案例 7.5】

说明书是否符合《专利法》第二十六条第三款的规定？

发明专利要求保护一种牙膏组合物，这种牙膏能去除牙菌斑，使牙齿增白。说明书给出了牙膏的配方，含有二氧化硅磨料和重量1%的白牙晶。但是，现有技术中并无白牙晶的记载，说明书中也没有给出白牙晶的成分。

分析：

发明创造的改进内容在于添加白牙晶，如果没有公开白牙晶的组分，就无法再现发明创造，因此说明书公开不充分。

参考答案：

《专利法》第二十六条第三款规定，说明书应当对发明或实用新型做出清楚、完整的说明，以所属技术领域的技术人员能够实现为准。

本发明申请要求保护一种牙膏组合物，要解决的技术问题是迅速去除牙菌斑，使牙齿增白，提供的技术方案是一种牙膏组合物，含有二氧化硅磨料和重量1%的白牙晶。在现有技术、本申请的说明书和权利要求中均没有公开"白牙晶"的具体组分或制备方法，导致本领域技术人员无法得到该原料，从而也无法制备所述的牙膏组合物，解决所述技术问题。因此，本申请的说明书未对发明做出清楚、完整的说明，致使所属技术领域的技术人员不能实现该发明，不符合《专利法》第二十六条第三款的规定。

四、对《专利法实施细则》第二十条第二款的理解与适用

（一）法律规定

《细则》第二十条第二款的规定，独立权利要求应当从整体上反映发明或者实用新型的技术方案，记载解决技术问题的必要技术特征。

（二）理解适用

1. 必要技术特征的概念

必要技术特征是指发明或者实用新型为解决其技术问题所不可缺少的技术特征，其总和足以构成发明或者实用新型的技术方案，使之区别于（说明书）背景技术中所述的其他技术方案。

对必要技术特征涉及的概念，解析如下：

（1）本发明解决的技术问题

这里所称的"本发明解决的技术问题"应当是指由说明书中记载的内容能

确定的本发明解决的技术问题。

（2）完整的技术方案

《细则》第二十条第二款的立法宗旨在于确保独立权利要求从整体上反映发明或者实用新型的技术方案，也就是说，该独立权利要求对于其所要解决的技术问题是一个完整的技术方案。

为了使所撰写的独立权利要求包括解决技术问题的必要技术特征，对产品独立权利要求来说，不仅要写明解决该技术问题所必须具备的各个部件，还应当写明对解决该技术问题必不可少的部件之间的相互关系；对方法独立权利要求来说，不仅要写明解决该技术问题所必需的步骤，还应当写明对解决该技术问题必不可少的各步骤之间的顺序关系。但是也需要注意，为了充分保护申请人的权益，在撰写权利要求书时，不要将非必要技术特征写入独立权利要求。

2. 确定必要技术特征的意义

必要技术特征解决了独立权利要求写什么的问题。将必要技术特征进行组合，即可完成独立权利要求的撰写。

（三）案例分析

1. 判断必要技术特征的思路

通过阅读技术材料才能确定哪些技术特征是必要技术特征。一般来说，可以通过如下步骤确定必要技术特征：

第一步，首先要在技术材料中找出技术特征。

需要判断必要技术特征的题目一般限于产品（方法的步骤有一定的连贯性，很少涉及必要技术特征的判断）。可作为产品权利要求技术特征的有：产品的名称、形状、材料、连接关系、作用。阅读材料时先要找出这些技术特征。有关效果、原理、操作方法的说明一般不作为技术特征。

第二步，进行技术特征对比，找出区别技术特征。

与现有技术对比，分析技术材料与最接近的现有技术相比做了哪些改进。

第三步，确定技术问题。

必要技术特征的判断与发明或者实用新型所要解决的技术问题直接相关。该技术问题可以是：

①说明书中明确记载的技术问题。

②通过阅读说明书能够直接确定的技术问题，例如，虽然说明书中没有写明"本发明要解决的技术问题是……"，但是，从申请人在背景技术部分提到的现有技术存在的缺陷，可以判断出发明要解决的技术问题是克服现有技术存在的缺陷。

③根据区别技术特征的作用及效果确定的技术问题。

对于第①和第②种情况，也要根据区别技术特征判断说明书记载的技术问题是否是实际要解决的技术问题。

第四步，围绕所要解决的技术问题确定必要技术特征。

在第四步确定必要技术特征时，要注意以下事项：

①前序部分的必要技术特征。前序部分除主题名称外，只需要写明那些与发明或实用新型技术方案密切相关的、共有的必要技术特征。

例如，一项涉及照相机的发明，该发明的实质在于照相机布帘式快门的改进，其权利要求的前序部分只要写出"一种照相机，包括布帘式快门……"就可以了，不需要将其他共有特征，例如透镜和取景窗等照相机零部件都写在前序部分中。

②特征部分的必要技术特征。独立权利要求的特征部分，应当记载发明或者实用新型的必要技术特征中与最接近的现有技术不同的区别技术特征，这些区别技术特征与前序部分中的技术特征一起，构成发明或者实用新型的全部必要技术特征，限定独立权利要求的保护范围。

③特别注意部件之间的连接关系属于必要技术特征。

2. 缺少必要技术特征的判断案例

独立权利要求可能因为以下原因缺少必要技术特征：

①独立权利要求缺少解决技术问题的必要的部件，必要的部件可能是现有技术中的部件，有可能是改进部分的部件。

②产品独立权利要求缺少部件之间的连接关系。

【案例7.6】

权利要求1是否符合相关规定？

现有技术中的广告板包括面板和固紧装置，但是固定强度不够，很易损坏，且拆装很不方便。

本实用新型要解决的技术问题是提供一种强度好、结构稳定、不易损坏、拆装方便的柱挂式广告板。

本实用新型柱挂式广告板有一面板1，该面板1背面的横向中间位置有一凸块2。该凸块2的高度可以在整个面板1的高度方向延伸，这样广告板的强度比较好；但是，该凸块2也可以如图所示，其高度约为面板1整个高度的1/3至1/2，大体位于其纵向中间位置，这样既保证了广告板有一定强度，又节省了广告板的材料，并减轻了广告板的重量；当然，该凸块2的高度也可采用其他的尺寸。在图中，凸块2背部表面为横向凹弧形表面，为适应不同支撑物的形状，该凸块2背部表面还可选择得与支撑物上和该凸块2相接触的表面形状相适配。凸块两侧分别设有左耳孔21和右耳孔22，两根束带3、4可分别穿过左耳孔21和右耳孔22，其端头折回平贴带身，可采用线缝制、采用铆钉铆合或其他类似连接方式，使其与凸块相连，这样就可将两根束带绕过柱杆，相互系紧，从而将广告板拴固在柱杆上。

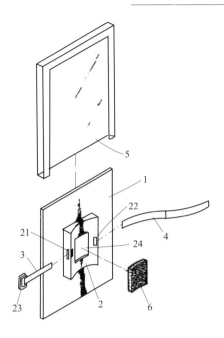

权利要求1:

一种柱挂式广告板,其特征在于:该广告板包括面板(1)和位于面板(1)背面横向中间位置的凸块(2),该凸块(2)与支撑物接触的表面相适配。

分析:

为了保证广告板稳定,必须设置束带,否则无法实现广告板的固定。因此权利要求1缺少"束带"这一技术特征。

参考答案:

《细则》第二十条第二款规定,独立权利要求应当从整体上反映发明或者实用新型的技术方案,记载解决技术问题的必要技术特征。

本实用新型要解决的技术问题是提供一种强度好、结构稳定、不易损坏、拆装方便的柱挂式广告板。为解决上述技术问题,由说明书中所描述的实施方式可知,在本实用新型广告板面板的背部横向中间位置设置有凸块,凸块背面的形状与支撑物和该凸块相接触的表面形状相适配,其与束带配合就能使广告板比较牢固地固定在电线杆之类的支撑物上。若没有束带,则广告板就无法拴固在柱状支撑物上。因此,束带是实现本实用新型技术问题的必要技术特征。权利要求1未包含束带这个技术特征,不能构成完整的技术方案,不符合《细则》第二十条第二款的规定。

【案例7.7】

权利要求1是否符合相关规定?

本发明提供一种能折叠起来、牙膏袋与牙刷一体携带的牙刷。牙刷由牙刷头4和牙刷柄组成,牙刷头4上设置有刷毛。牙刷柄用于刷牙时握持牙刷。牙刷柄分为折叠柄3、握柄1两个部分,折叠柄3和握柄1之间通过旋转连接装置6连接起来。握柄1为细长形，内部形成有中空腔体2，用于放置牙膏袋5。该握柄1的顶壁具有开口7，开口7的大小与牙刷刷毛相应，当牙刷折叠放置时，牙刷的刷毛正好落入开口7内。握柄的顶壁开口7与容置牙膏袋的中空腔体2连通。

现有技术公开一种能折叠的牙刷，但是未公开牙膏袋设置在牙刷柄的腔体中。

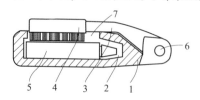

权利要求1：

一种便携式牙刷，包括牙刷柄、牙刷头（4），刷毛，旋转连接装置，其特征在于：握柄（1）上设置有中空腔体（2）和开口（7）。

分析：

权利要求1特征部分描述了部件的名称，但是没有写入部件之间的连接关系，因此权利要求1缺少必要技术特征。

参考答案：

权利要求1缺少必要技术特征。

《细则》第二十条第二款规定，独立权利要求应当从整体上反映发明或者实用新型的技术方案，记载解决技术问题的必要技术特征。

本实用新型要解决的技术问题是提供一种折叠起来、将牙膏袋与牙刷一体携带的牙刷。

为解决上述技术问题，由说明书中所描述的实施方式可知，在握柄内部形成有中空腔体2，用于放置牙膏袋5，该握柄1的顶壁具有开口7，开口7的大小与牙刷刷毛相应，当牙刷折叠放置时，牙刷的刷毛正好落入开口7。权利要求1未记载中空腔体和开口与牙刷其他部件之间的连接关系，不能构成完整的技术方案，不符合《细则》第二十条第二款的规定。

五、对《专利法》第二十六条第四款的理解与适用

（一）法律规定

《专利法》第二十六条第四款规定，权利要求书应当以说明书为依据，清楚、简要地限定要求专利保护的范围。

（二）理解适用

《专利法》第26条第4款规定了三方面的要求：
①权利要求应当清楚。
②权利要求应当简要。

③权利要求应当以说明书为依据。下面根据《审查指南》第3.2节的规定，从上述三方面阐述对该法条的理解。

1. 对权利要求应当清楚的理解

（1）权利要求的类型应当清楚

权利要求的主题名称应当能够清楚地表明该权利要求的类型是产品权利要求还是方法权利要求。

不允许采用含糊不清的主题名称，例如：一种……技术；一种……方案；一种轴与孔的配合；一种……装置及其制造方法等。这样的主题名称都是不清楚的。

（2）权利要求的主题名称应当与权利要求的技术内容相适应

如果权利要求保护一种产品，则应当主要由其结构特征来描述，如果权利要求保护一种方法，则应当主要由其工艺过程、操作条件、步骤或者流程等技术特征来描述。但是，也允许采用物理或化学参数表征、方法表征来限定产品。

【例7.3】

以下权利要求是否清楚？

一种双层结构的嵌板，由一块铁的分板和一块镍的分板焊接制成。

分析：

其中"焊接"属于方法特征。方法特征表征的产品权利要求的保护主题仍然是产品，因此权利要求是清楚的。

（3）用语清楚

①权利要求中不得使用含义不确定的用语，如"厚""薄""强""弱""高温""高压""很宽范围"等。撰写时，应选择说明书中记载的更为精确的措词替换上述不确定的用语。

②权利要求中不得出现"例如""最好是""尤其是""必要时"等类似用语。

③在一般情况下，权利要求中不得使用"约""接近""等""或类似物"等类似的用语。

④权利要求中使用的技术术语，其含义与该术语在所属技术领域通常具有的含义相同。

【例7.4】

以下权利要求是否清楚？

一种铁锅的制造方法，××材料的冶炼温度为150~250℃，最好是200℃。

分析：

权利要求中出现某一上位概念后面跟一个由该上位概念引出的下位概念，造成权利要求出现两个保护范围。可以将一项权利要求拆分为两项权利要求，克服上述缺陷：

权利要求1：一种铁锅的制造方法，其特征在于，××材料的冶炼温度为

150~250℃。

权利要求2：根据权利要求1所述的铁锅的制造方法，其特征在于，××材料的冶炼温度为200℃。

（4）标点符号清楚

①句号。句号只能出现在最末尾，中间分割技术特征可采用分号。

②括号。除附图标记或者化学式及数学式中使用的括号之外，权利要求中应尽量避免使用括号，以免造成权利要求不清楚，例如"（混凝土）模制砖"。然而，具有通常可接受含义的括号是允许的，例如"（甲基）丙烯酸酯"，"含有10%~60%（重量）的A"。

（5）语句表达清楚

①权利要求的要素之间关系应当清楚。

②应当采取正面肯定语气表达保护范围。

只有在不能以其他方式清楚简明地限定权利要求保护范围时，才允许使用排除式表述。

③尽量避免"引用式"表述。

"可以"的用法：

如果"可以"表示的是"能够"或特征性质的描述，则不会导致权利要求保护范围不清楚，允许使用。如果"可以"表示可以有，也可以没有，则不允许使用。

【例7.5】

以下权利要求是否清楚？

一种透镜装置，包括左、右两个镜片，其特征在于左、右两个镜片上分别设有第一滤光区和第二滤光区。

分析：

此项权利要求有两种理解：左镜片上设置有第一滤光区和第二滤光区，右镜片上也设有第一滤光区和第二滤光区；或者理解成左镜片上设有第一滤光区，右镜片上设有第二滤光区。因此，权利要求不清楚。

【例7.6】

以下权利要求是否清楚？

一种金属板，其表面上有一凹块，该凹块大小和形状与信用卡相同。

分析：

权利要求中采取了引用信用卡尺寸的方式，造成权利要求不清楚。

【例7.7】

以下权利要求是否清楚？

一种食品调味剂红油的制备方法，其特征在于将辣椒精和辣椒红加入植物油中，可以加热至100~125℃，捞起油表面的泡沫和悬浮物，进行过滤，弃去滤渣。

分析：

"可以加热至100~125℃"包括"可以加热至100~125℃"和"可以不加

热至100~125℃"两层意思,因此"可以"导致该权利要求的保护范围不确定,即该权利要求不清楚。

【例7.8】

以下权利要求是否清楚?

一种……装置,其中……A部件和B部件可拆卸地连接……

分析:

这个例子中,"可"表示能够,允许使用。

(6) 整体清楚

权利要求在整体上要求引用关系清楚。

【例7.9】

以下权利要求是否清楚?

权利要求1:一种半导体器件,包括A、B和C。

权利要求2:如权利要求1所述的制造半导体器件的方法……

权利要求3:制造权利要求1所述半导体器件的方法……

分析:

权利要求2改变了主题名称,不清楚。

权利要求3是方法独立权利要求,与权利要求1是并列独立权利要求,不存在不清楚的情况。

【例7.10】

以下权利要求是否清楚?

权利要求1:一种半导体器件,包括A、B和C。

权利要求2:如权利要求1所述的半导体器件,还包括D。

权利要求3:如权利要求1或2所述的半导体器件,所述的D为d……

分析:

权利要求3进一步限定特征D,但特征D在其引用的权利要求1中并未出现过,因此无"引用基础",不清楚。

2. 权利要求应当简要

权利要求应当简要是指:

①一件专利申请中不得出现两项或两项以上保护范围实质相同的同类权利要求。

②权利要求的表述应当简要,除记载技术特征外,不得对原因或者理由做不必要的描述,也不得使用商业性宣传用语。

③为避免权利要求之间相同内容的不必要重复,在可能的情况下,权利要求应尽量采取引用在前权利要求的方式撰写。

3. 权利要求应当以说明书为依据

(1) 以说明书为依据的含义

权利要求书应当以说明书为依据,是指权利要求应当得到说明书的支持。权利要求书中的每一项权利要求所要求保护的技术方案应当是所属技术领域的技术人员能够从说明书中充分公开的内容得到或者概括得出的技术方案。

(2) "得到"的判断

①"得到"的含义是权利要求的技术方案与说明书记载的内容实质上一致。

②从说明书充分公开的内容"得到"的技术方案:可以是说明书中直接记载的技术方案;或者是根据说明书文字记载的内容和说明书附图能直接、毫无疑义确定的技术方案。

③说明书中应当记载所有权利要求的技术方案,并且记载的内容含义应当一致。

【例7.11】

权利要求1:一种工业废渣处理方法,包括以下步骤:

在300~400℃温度下进行活化处理……

说明书中,两个实施例中相应的该步骤的处理温度分别是350℃和400℃;技术方案部分所记载的相应的该步骤的处理温度是350~400℃。

分析:

温度范围300~400℃的端点没有在说明书中记载,不能从说明书中得到,因此权利要求没有以说明书为依据。

(3) "概括"的含义及概括方式

权利要求,尤其是独立权利要求,通常由说明书记载的一个或者多个实施方式或实施例概括而成。

概括的方式包括上位概括、并列选择概括以及功能性和效果性概括(也称为"功能性限定")。

①上位概括的具体方式。

上位概括是指,利用下位概念的共性进行概括的方式。

例如,说明书中提到A、B两个部件之间可通过铆接、螺钉连接的方式进行连接,权利要求中就可以使用"A、B两个部件通过连接件进行连接"这样的上位概括来代替具体的连接方式。

②并列选择概括的具体方式。

并列选择是指,某个技术手段有多个等同替代方式或变型方式,在权利要求中用"或"进行连接。例如,"A、B两个部件通过铆接、焊接或螺钉连接的方式进行连接"就是并列选择概括。

③功能性概括的具体方式。

一般说来,一项产品权利要求应由反映该产品结构或者组成的技术特征组成;一项方法权利要求应由反映实施该方法的具体步骤和操作方式的技术特征组成。如果在一项权利要求中不是采用结构特征或者方法步骤特征来限定发明,而是采用零部件或者步骤在发明中所起的作用、功能或者所产生的效果来限定发明,则称为功能性限定。

例如,说明书具体实施方式描述 A、B 两个部件之间可通过轴销连接、铆钉连接的方式实现活动连接,权利要求中就可以使用"A、B 两个部件活动连接"这样的功能性概括来代替具体的连接方式。

(三)《专利法》第二十六条第四款的知识点分析

在《专利法》第二十六条第四款规定的三方面要求中,经常出现的问题是保护范围不清楚和权利要求得不到说明书的支持。

1. 权利要求书应当清楚

权利要求不清楚的情形是指从属权利要求缺少引用基础以及权利要求主题不一致。

【案例 7.8】

权利要求是否符合规定?

权利要求 1:一种头颈矫治器,其特征在于:中间部位设有近似于头形的凹陷槽(3),凹陷槽下方为头枕(4)、凹陷槽沿头颈矫治器宽度方向的两侧为颈枕(5)。

权利要求 2:根据权利要求 1 所述的头颈矫治器,其特征在于:头枕(4)内设置有振动按摩器(7)。

权利要求 3:根据权利要求 2 所述的头颈矫治器,其特征在于气囊(6)和振动按摩器(7)之间设置有隔层(8)。

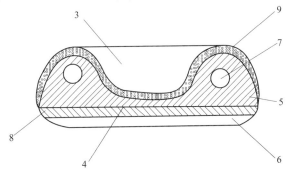

分析:

权利要求 3 限定隔层的位置时,使用了技术特征"气囊"和"振动按摩器",但是在其引用的权利要求 2 中,并未出现"气囊",因此权利要求 3 缺少引用基础,不清楚。

参考答案:

《专利法》第二十六条第四款规定,权利要求书应当以说明书为依据,清楚、简要地限定要求专利保护的范围。

从属权利要求 3 进一步限定"气囊(6)和振动按摩器(7)之间设置有隔层(8)",但是,在其引用的权利要求 2 中并没有出现技术特征"气囊(6)",从而导致权利要求 3 的技术方案不清楚,不符合《专利法》第二十六条第四款的规定。

【案例 7.9】

权利要求是否符合规定？

说明书材料见案例 7.7。

权利要求：

权利要求 1：一种柱挂式广告板，其特征在于：……

权利要求 6：根据权利要求 1 所述的一种柱挂式广告板面板背面的凸块，其特征在于：……

分析：

权利要求 6 的主题名称和权利要求 1 主题名称不一致，导致权利要求 6 不清楚。

参考答案：

《专利法》第二十六条第四款规定，权利要求书应当以说明书为依据，清楚、简要地限定要求专利保护的范围。

权利要求 6 是权利要求 1 的从属权利要求，权利要求 1 的主题名称为"一种柱挂式广告板"，而权利要求 6 的主题名称为"一种柱挂式广告板面板背面的凸块"，两者不一致，导致权利要求 6 不清楚，不符合《专利法》第二十六条第四款的规定。

2. 权利要求得不到说明书的支持

主要有两种情况：

①权利要求的描述在形式上得不到说明书的支持。

因权利要求与说明书描述不一致得不到支持（形式不支持）的判断按照以下步骤分析：

a. 找到权利要求描述的内容与说明书公开内容的差别；

b. 判断出权利要求与说明书描述矛盾，权利要求没有以说明书为依据的结论。

②权利要求的概括在实质上得不到说明书的支持。

因概括不支持（实质不支持）的判断按照如下步骤分析：

a. 找到权利要求描述的内容与说明书公开内容的差别；

b. 判断出权利要求使用了概括；

c. 找到涵盖在权利要求概括范围内，但是不能解决相应问题的反例；

d. 得出概括没有以说明书为依据的结论。

【案例 7.10】

权利要求 4 是否符合规定？

一种柱挂式广告板，其特征在于：该广告板包括面板（1）和位于面板（1）背面中间位置的凸块（2），该凸块（2）与支撑物接触的表面为弧形表面。

权利要求 4：根据权利要求 1 所述的柱挂式广告板，其特征在于：该凸块

(2) 的一侧有一根束带 (4)，该凸块 (2) 上与该束带 (4) 连接处相对的另一侧有一个供束带 (4) 自由端穿过的耳孔 (21)。

说明书（节选对束带的记载）：凸块两侧分别设有左耳孔 21 和右耳孔 22，两根束带 3、4 可分别穿过左耳孔 21 和右耳孔 22，其端头折回平贴带身，可采用线缝制、采用铆钉铆合或其他类似连接方式，使其与凸块相连，这样就可将两根束带绕过柱杆，相互系紧，从而将广告板拴固在柱杆上。

分析：

说明书至记载了束带为两根的情形，并未记载一根束带的情形，因此权利要求 4 的记载没有以说明书为依据。

参考答案：

权利要求 4 的技术方案中仅采用一根束带，而此技术方案并未记载在说明书的具体实施方式中，因而此权利要求 4 未以说明书为依据，不符合《专利法》第二十六条第四款的规定。

【案例 7.11】

权利要求 2 是否符合规定？

权利要求 1：一种即配式饮料瓶盖，包括顶壁 (1) 和侧壁 (2)，侧壁 (2) 下部具有与瓶口外螺纹配合的内螺纹 (3)，侧壁 (2) 内侧在内螺纹 (3) 上方具有环状凸缘 (4)，隔挡片 (5) 固定于环状凸缘 (4) 上，所述顶壁 (1)、侧壁 (2) 和隔挡片 (5) 共同形成容纳调味材料的容置腔室 (6)。

权利要求 2：根据权利要求 1 所述的即配式饮料瓶盖，其特征在于，瓶盖带有一个用于刺破隔挡片 (5) 的尖刺部 (7)，所述尖刺部 (7) 位于顶壁 (1) 内侧且向隔挡片 (5) 的方向延伸。

说明书（节选）：为了方便、卫生地破坏隔挡片，在顶壁 (1) 内侧设置尖刺部。顶壁 (1) 具有弹性易于变形。常态下，尖刺部 (7) 与隔挡片 (5) 不接触，按压顶壁 (1) 时，尖刺部 (7) 向隔挡片 (5) 方向运动并刺破隔挡片 (5)。

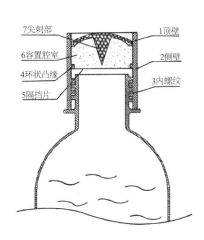
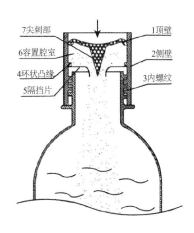

分析：

权利要求2中，对尖刺部的描述是："瓶盖带有一个用于刺破隔挡片（5）的尖刺部（7），所述尖刺部（7）位于顶壁（1）内侧且向隔挡片（5）的方向延伸。"说明书相应部分的描述是："在顶壁（1）内侧设置尖刺部。顶壁（1）具有弹性易于变形。常态下，尖刺部（7）与隔挡片（5）不接触，按压顶壁（1）时，尖刺部（7）向隔挡片（5）方向运动并刺破隔挡片（5）。"二者相比，权利要求2中没有对顶壁易于变形进行限定，因此权利要求2的保护范围涵盖顶壁易于变形和不能变形两种情况。对于顶壁不能变形的情况，无法解决尖刺部刺破隔挡片的技术问题。因此，权利要求2的概括得不到说明书的支持。

参考答案：

《专利法》第二十六条第四款规定，权利要求书应当以说明书为依据，清楚、简要地限定要求专利保护的范围。

从属权利要求2没有以说明书为依据，不符合《专利法》第二十六条第四款的规定。

根据该专利说明书记载的内容可知，为了方便、卫生地破坏隔挡片，在顶壁内侧设置尖刺部。要使尖刺部在常态下与隔挡片不接触，而在需要饮用时能刺破隔挡片，顶壁必须由易变形的弹性材料制成，从而按压顶壁时，顶壁能够向下变形带动尖刺部向下运动刺破隔挡片。

权利要求2中限定了尖刺部的安装位置，但未进一步限定顶壁具有弹性易于变形，权利要求3所要求保护的技术方案涵盖了顶壁不能变形这种无法实现发明目的的情形。因此权利要求2在说明书公开内容的基础上概括了一个较宽的保护范围，得不到说明书的支持，不符合《专利法》第二十六条第四款的规定。

六、单一性的理解与适用

（一）法律规定

《专利法》第三十一条第一款规定，一件发明或者实用新型专利申请应当限于一项发明或实用新型。属于一个总的发明构思的两项以上的发明或实用新型，可以作为一件申请提出。

（二）理解适用

对于如何判断总的发明构思，《细则》第三十五条规定，属于一个总的发明构思的两项以上的发明或实用新型应当在技术上相互关联，包含一个或者多个相同或者相应的特定技术特征，其中特定技术特征是每一项发明或者实用新型作为整体，对现有技术做出贡献的技术特征。

（三）案例分析

一般来说判断单一性的方法在于判断撰写出的独立权利要求之间能够体现新

颖性、创造性的特征，也即特定技术特征是否相同或相应。如果多个独立权利要求之间有相同或者相应的特定技术特征，则独立权利要求之间有单一性，可以写在一件专利申请中。如果多个独立权利要求之间不具有相同或者相应的特定技术特征，则独立权利要求之间不具有单一性，不能写在一件专利申请中。

【案例7.12】

案例背景：

本申请具有两项独立权利要求，对比文件未公开下述技术特征："上述外包装层的内侧设置有引导细绳，边缘部上设置有引导通道，引导细绳从边缘部上的引导通道进入浸泡袋，在相对的边缘部上改变方向后，从边缘部上的引导通道导出。"

权利要求：

权利要求1：一种浸泡袋，所述浸泡袋具有第一薄层和第二薄层，两个薄层的边缘黏合起来形成边缘部。

其特征在于：所述浸泡袋内侧设置有引导细绳，边缘部上设置有引导通道，引导细绳从边缘部上的引导通道进入浸泡袋，在相对的边缘部上改变方向后，从边缘部上的引导通道导出。

权利要求2：一种制备浸泡袋的方法，包括如下步骤：

在第一薄层材料层上放置浸泡物质和细绳；

用第二薄层材料层覆盖第一薄层材料层；

在边界处将所述两个薄层材料层结合形成边缘部；

其特征在于：边缘部上留出引导通道，细绳通过边缘部上的引导通道的引导，并在相对的边缘部上改变方向后，从边缘部上的引导通道导出。

分析：

对比文件未公开的特征即特定技术特征。两个独立权利要求的特定技术特征并不完全一样，但是有相应的关系，因此属于"相应的特定技术特征，独立权利要求之间具有单一性"。

参考答案：

独立权利要求1中的特定技术特征为："所述浸泡袋内侧设置有引导细绳，边缘部上设置有引导通道，引导细绳从边缘部上的引导通道进入浸泡袋，在相对的边缘部上改变方向后，从边缘部上的引导通道导出。"独立权利要求2中的特定技术特征："边缘部上留出引导通道，细绳通过边缘部上的引导通道的引导，并在相对的边缘部上改变方向后，从边缘部上的引导通道导出。"二者均体现出发明对现有技术做出贡献的相应的特定技术特征，因此，这两个独立权利要求在技术上相互关联，它们属于一个总的发明构思，符合《专利法》第三十一条第一款的规定，可以将它们合案申请。

【案例 7.13】

案例背景：发明人发明了一种可旋转的拖把，改进点在于杆体内设置的旋转装置，以及杆体外设置的锁合装置。两件专利申请分别涉及这两个方面，撰写独立权利要求如下（具体技术内容进行了简化处理）：

独立权利要求1：一种旋转拖把，具有上杆体和下杆体，其特征在于：上杆体内设置单向旋转装置。

独立权利要求2：一种旋转拖把，具有上杆体和下杆体，其特征在于：上下杆体之间设置有锁合结构。

分析：

第一个独立权利要求的改进点在于单向旋转装置，第二个独立权利要求的改进点在于锁合结构，二者既不相同，也不相应，因此两个独立权利要求之间不具有单一性，不能写在一件专利申请中。

参考答案：

第一份专利申请的独立权利要求1相对于现有技术做出贡献的技术特征（即特定技术特征）为"上杆体内设置单向旋转装置"。

第二份专利申请的独立权利要求2相对于现有技术做出贡献的技术特征为"上下杆体之间设置有锁合结构"。

由此可见，两个独立权利要求对现有技术做出贡献的技术特征（特定技术特征）既不相同，彼此之间在技术上也无相互关联，从而两个独立权利要求之间并不包含相同或相应的特定技术特征，不属于一个总的发明构思，彼此之间不具备单一性，因此应当分别作为两份专利申请提出。

第二节　撰写基础案例分析

一、撰写的整体要求

专利申请的重要的工作是根据技术材料，撰写出符合法律要求的专利申请文件。撰写的入门可以根据说明书或者技术交底书（以下统称"技术交底材料"）提供的技术素材撰写权利要求开始练习撰写技巧。

（一）撰写前排除明显不能获得专利保护的主题

撰写以前，首先要排除不符合《专利法》第二条有关发明或者实用新型的定义的主题，排除明显属于《专利法》第五条或者第二十五条不能授予专利权的客体，排除明显不符合《专利法》第二十二条第四款有关实用性规定的主题。

(二) 撰写要求

撰写完成的权利要求书应当满足如下要求：

①权利要求书应当包括独立权利要求和从属权利要求（《细则》第二十条第一款）。

②独立权利要求应当满足下列要求：

 a. 在合理的前提下具有较宽的保护范围，能够最大限度地体现申请人的利益；

 b. 清楚、简明地限定其保护范围（《专利法》第二十六条第四款）；

 c. 记载解决技术问题的全部必要技术特征（《专利法实施细则》第二十条第二款）；

 d. 相对于现有技术具备新颖性和创造性（《专利法》第二十二条第二款、第二款）；

 e. 符合《专利法》及《细则》关于独立权利要求的其他规定。

③从属权利要求应当满足下列要求：

 a. 从属权利要求的数量适当、合理；

 b. 与被引用的权利要求之间有清楚的逻辑关系（《专利法》第二十六条第四款、《细则》第二十一条）；

 c. 当授权后面临不得不缩小权利要求保护范围的情况时，能提供充分的修改余地；

 d. 符合《专利法》及《细则》关于从属权利要求的其他规定。

④撰写多个独立权利要求的，多个独立权利要求之间应当具有单一性。

(三) 不同领域权利要求的表述

1. 生活、机械类权利要求

生活、机械类产品权利要求应当描述出产品在结构上的组成，技术特征可包括部件名称、形状、连接关系、作用、材料等内容。

方法权利要求，应当写明其步骤，技术特征包括可以用不同的参数或者参数范围表示的工艺条件。

2. 电学类权利要求撰写

电学的撰写一般以小案例形式出现，近几年多是对模块以及控制步骤进行撰写。

电学权利要求的技术特征包括模块的名称、连接关系、功能。与机械领域不同的是，电学的技术交底书中一般只给出模块的功能、作用或者控制方式，而不是描述模块之间的连接关系。这种情况下，信号输入、处理、输出关系以及功能都需写入权利要求中。

另外，电学类权利要求需要注意，如果技术交底材料给出了控制方式，需要同时撰写产品独立权利要求和方法独立权利要求。

3. 化学类权利要求撰写

化学权利要求撰写往往也是以小案例的形式出现，往往考察包括数值范围的权利要求能否享有优先权、是否具有新颖性。

化学权利要求的撰写需要注意在独立权利要求中写明成分以及组分。

(四) 权利要求撰写的四种方式

1. 不考虑概括的撰写方式

撰写的核心任务是找到技术交底材料中的区别技术特征，并围绕区别技术特征撰写权利要求书。

试题中给出的技术交底材料或者说明书中一般会有多个区别技术特征，将起到基础、根本作用的区别特征作为发明点。技术交底材料或者说明书如果针对发明点只有一个实施例，一般不需要考虑对实施例的概括。本部分重点讲解不考虑概括的撰写方式。

2. 多个实施例的概括撰写方式

如果针对发明点有两个以上的实施例，尽可能将其共性在一个独立权利要求中进行概括。

3. 并列发明点的写法

如果最根本的区别特征有两个或者两个以上，则属于并列发明点。这种题目的做法是，在第一件专利申请中，将所有的发明内容都要撰写成权利要求，在第二件专利申请中，将第二个发明点撰写为独立权利要求。

4. 并列主题

如果技术交底书中出现了产品、制造方法、化学成分、配套的设备等内容，则可能会出现并列的主题。对于每一个主题，都需要写成并列独立权利要求。

(五) 不需要对多个实施例概括的情形

以下几种情况，一般不需要对涉及同一技术内容几个实施方式进行概括：

①如果技术交底材料只给出一个技术主题之下的一个实施例的情况，一般不进行上位概括或者功能性概括。

②虽然技术素材给出了多个实施例，但是多个实施例之间为主从关系，一般也不需要进行上位概括或者功能性概括。

所谓主从关系是指，如果实施例中给出了多个不同结构的产品，但是这几种不同结构的产品以其中一种结构的产品为基础，而其他几种结构的产品是在这种产品的基础上通过增加（注意：不是替代）某一部件或某些部件做出的进一步改进。

对于具有主从关系的多个实施例，可针对基础结构的产品撰写独立权利要求（不需要概括），而将其他几种结构的产品作为该独立权利要求的从属权利要求撰写。

③说明书中明确给出了上位或者功能概括的方式，也不需要考虑多个实施例的概括问题。

（六）权利要求不需要概括的情形下的撰写步骤

针对不需要概括的权利要求，通过以下六个步骤撰写：

第一步：技术特征分析

第一步技术特征分析中包括两个方面：列特征和进行逻辑分析。下面分别详细进行说明。

①列特征。

首先要阅读技术交底材料，列出可能会写入权利要求中的全部技术特征。交底材料中会给出很多内容，包括产品的部件名称、连接关系、作用、效果、原理、操作方法、制造方法、用途等。在阅读技术交底材料的过程中，首先要找出可以写入权利要求的技术特征。

不同类型的权利要求可写入的技术特征也不同。对于产品权利要求来说，可写入权利要求的技术特征包括：部件名称、形状、连接关系、作用、材料。

对于方法权利要求来说，考试中出现的一般是制造方法或者控制方法。可以写入的技术特征是步骤，其中步骤中也可以包括产品的部件名称、连接关系、作用等。

②分析技术特征之间的逻辑关系。

在第二步，要对第一步找出的技术特征进行加工，分析这些技术特征之间在技术上的逻辑关系。比如分析一件产品的技术特征时，要找出哪些特征是这件产品的基础性特征，哪些特征是进一步的改进，哪些技术特征是并列实施例。

第二步：找发明点

第二步找发明点的步骤中包括两个方面：①技术对比，找出区别技术特征；②在区别技术特征中确定发明点。下面分别详细说明。

①与现有技术进行特征对比，确定能为申请带来新颖性、创造性的技术特征。

将第一步找出的技术特征列表，对比现有技术公开的技术特征，通过列表形式找出能为发明或者实用新型带来创造性的区别技术特征。

对于有多份对比文件的情况，在特征对比的同时，确定最接近的现有技术。

最接近的现有技术，是指现有技术中与要求保护的发明最密切相关的一份现有技术。根据《审查指南》的规定，最接近的现有技术可以是与要求保护的发明的技术领域相同，所要解决的技术问题、技术效果或者用途最近和/或公开了发明的技术特征最多的现有技术；或者虽然与所要求保护的发明技术领域不同，但能够实现发明的功能，并且公开发明的技术特征最多的现有技术。但是，在撰写中，只需要考虑以技术领域相同的现有技术作为最接近现有技术。

在确定区别技术特征时，注意要根据技术交底书的记载，找到该特征的效果。具有技术效果的区别特征才能作为能够为申请带来新颖性、创造性的特征。

如果特征从表面上看起来与现有技术相比有区别，但是技术交底书中并未给出该特征的效果，也没有给出该特征所要解决的技术问题，一般不能将这样的特征确定为区别技术特征。

②确定发明点。

发明点是指能为发明或者实用新型带来创造性的最基础、最根本的区别技术特征。

经过对比，一般会找到多个区别技术特征，这时要判断多个区别特征之间是否具有主从关系。

如果判断出多个区别特征具有主从关系，找到最基础、最根本的区别特征作为发明点。

如果判断出多个区别技术特征是并列的关系，可能会出现并列发明点的撰写问题。

第三步：确定所要解决的技术问题

在第三步中，应当根据第二步中确定的发明点所产生的技术效果，与最接近的现有技术对比，确定发明所要解决的技术问题。确定所要解决的技术问题可能有以下几种情况：

①如果技术交底材料中明确记载了要解决的技术问题，则通过发明点的效果与记载的技术问题进行对照，如果二者一致，则确定说明书中记载的技术问题是正确的。

②如果技术交底材料中没有明确记载要解决的技术问题，但是说明书给出了现有技术中存在的缺陷，并且能够通过缺陷判断出发明要解决的技术问题，这时也是通过发明点的效果与通过缺陷确定的技术问题进行对照，如果二者一致，则说明确定的技术问题是正确的。

③如果技术交底材料中没有记载所要解决的技术问题，或者其技术问题已经被现有技术所解决，这时需要根据第二步中确定的发明点在整个技术方案中的作用及效果确定发明所要解决的技术问题。

第四步：确定必要技术特征

在第四步中，围绕所要解决的最根本的技术问题，确定必要技术特征。必要技术特征是解决最根本技术问题必不可少的特征，实际产品必不可少的特征不一定是必要技术特征。此外需要注意，对于产品权利要求而言，部件之间的连接关系是必要技术特征。

第五步：撰写独立权利要求

在第四步确定必要技术特征的基础上，完成独立权利要求的撰写。独立权利要求的撰写分为两个方面：

①确定主题名称。

主题名称一般限于技术交底书提供的产品或者方法的名称，主题名称一般不需要概括。

主题名称可能会有不同范围的多个备选方案,应当选择最能体现发明主题的名称。主题名称注意不要出现区别特征。

②对必要技术特征在语言上进行调整。

将第四步确定的必要技术特征进行组合,与最接近的现有技术做比较,将它们共同的必要技术特征写入独立权利要求的前序部分,区别于最接近现有技术的必要技术特征写入特征部分。

第六步:撰写从属权利要求

对其他附加技术特征进行分析,将那些对申请创造性会起作用的附加技术特征写成相应的从属权利要求。如果从属权利要求的数目不多,现有技术中的特征也可以写入从属权利要求中。

二、便携式牙刷案例

(一) 案例说明

客户提交了一份技术材料及其附图,参见附件一,现委托你所在的专利代理机构为之提交专利申请,要求你为客户撰写专利申请文件。你进行了检索,发现了中国实用新型CN212345678U号专利(附件二)。

请根据上述交底材料以及检索出的现有技术为客户撰写一份发明专利申请的权利要求书,具体要求如下:

①独立权利要求应当从整体上反映发明的技术方案、记载解决技术问题的必要技术特征,相对于现有技术具备新颖性和创造性,并且符合《专利法》及《细则》对独立权利要求的其他规定。

②从属权利要求应当使得本申请面临不得不缩小独立权利要求保护范围的情况时具有充分的修改余地,但是其数量应当合理、适当,并且符合专利法及其实施细则对从属权利要求的所有规定。

③如果认为该申请的一部分内容应当通过一份或者多份申请分别提出,撰写出独立权利要求。

(二) 附件

附件一:技术交底材料

人们到外地工作、旅行,日常洗漱用品是随身之物。目前在市场上最常见的便携式漱具由漱具盒、普通牙刷、牙膏袋组成,携带时将牙刷、牙膏袋放入漱具盒,使用时从盒中取出即可,但这样的漱具盒太大,不便携带。

图1显示出本发明改进后的便携式牙刷,由牙刷头4和牙刷柄组成,牙刷头4上设置有刷毛,用于刷牙时使用,牙刷柄用于刷牙时握持牙刷。与现有技术不同的是,牙刷柄分为折叠柄3、握柄1两个部分,折叠柄3和握柄1之间通过旋

转连接装置 6 连接起来，从而折叠柄 3 可围绕旋转连接装置 6 转动，不使用牙刷时，折叠柄 3 折叠起来，携带方便。旋转连接装置 6 可以是枢轴或者铰链轴。

此外，如图 2 所示，本发明的握柄 1 为细长形盒体，内部形成有中空腔体 2，用于放置牙膏袋 5。该盒体顶壁具有开口 7，开口 7 的大小与牙刷刷毛相应，当牙刷折叠放置时，牙刷的刷毛正好落入中空腔体的开口 7 内。开口 7 与中空腔体 2 连通。

使用时，旋开折叠柄 3，取出牙膏袋 5，可挤出牙膏。用毕，将牙膏袋 5 放入握柄 1 的中空腔体 2 内，将折叠柄 3 折叠至如图 2 所示状态。

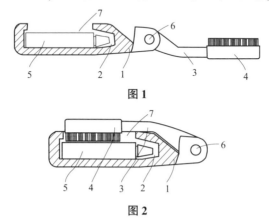

图 1

图 2

附件二：**CN212345678U**（节选）

本实用新型公开了一种牙刷、牙膏袋在携带时合为一体的旅行牙刷，如图 1 所示，此旅行牙刷有一个可兼作刷柄的盒体 31，盒体 31 的侧壁设有开口，盖体 35 可盖住开口。此盒体 31 内放置小包装牙膏袋 34，牙刷头 32 为分体设置，具有插销，可插在与盖体 35 相对的侧壁的开孔 33 上。不使用时，可将牙刷头从盒体一侧的开口插入此盒，防止刷毛在旅行携带时被弄脏；使用时将牙刷头取出，倒过来安装在盒体上，即可刷牙。

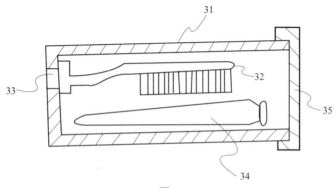

图 1

（三）案例解析及参考答案

1. 技术特征分析

交底材料中包括如下技术特征：

①便携式牙刷，由牙刷头4和牙刷柄组成（整体结构，部件名称）；

②牙刷头4上设置有刷毛（部件名称，连接关系）；

③牙刷柄由折叠柄3和握柄1构成（牙刷柄的结构）；

④折叠柄3和握柄1之间通过旋转连接装置6连接，折叠柄3可围绕旋转连接装置6转动（牙刷柄的连接关系）；

⑤旋转连接装置是铰链轴或枢轴（部件名称）；

⑥握柄1为细长形盒体（形状）；

⑦握柄内部形成有放置牙膏袋5的中空腔体2（部件名称，连接关系）；

⑧盒体顶壁具有开口7，开口7的大小与牙刷刷毛相应，当牙刷折叠放置时，牙刷的刷毛正好落入开口7内（部件名称，连接关系）；

⑨开口7与中空腔体2连通（连接关系）。

2. 找发明点

（1）与现有技术进行特征对比，确定能为申请带来新颖性、创造性的技术特征

发明技术特征	对比文件1	对比结果
①便携式牙刷，由牙刷头4和牙刷柄组成	便携式牙刷，包括牙刷头和牙刷柄	现有技术
②牙刷头4上设置有刷毛	牙刷头上有刷毛	现有技术
③牙刷柄由折叠柄3和握柄1构成	牙刷柄由盒体31和牙刷头的一部分构成	现有技术
④折叠柄3和握柄1之间通过旋转连接装置6连接	插拔连接	区别特征
⑤旋转连接装置是铰链轴或枢轴	未公开	区别特征
⑥握柄1为细长形盒体	细长形盒体	现有技术
⑦握柄内部形成有放置牙膏袋的中空腔体2	握柄内为放置牙膏袋的中空腔体	现有技术
⑧盒体顶壁具有开口7，开口7的大小与牙刷刷毛相应	未公开	区别特征
⑨开口7与中空腔体2连通	未公开	区别特征

通过列表对比的方式，确定技术特征④⑤⑧⑨为区别技术特征。这些区别技术特征中的每一个都可以单独起作用，并为发明带来新颖性和创造性。

（2）确定发明点

以上四个技术特征具有主从关系，最基础的改进点是特征④，技术特征⑤是对技术特征④的具体化；只有牙刷柄的折叠柄和握柄之间通过旋转连接装置折叠连接，特征⑦⑧才有意义。

因此，本发明的发明点是牙刷柄由折叠柄和握柄构成，折叠柄和握柄之间通过旋转连接装置连接，折叠柄可围绕旋转连接装置转动。

3. 要解决的技术问题

根据技术交底材料，折叠柄围绕旋转连接装置转动能够达到的技术效果是：不使用牙刷时，折叠柄折叠起来，携带方便。因此，本发明所要解决的技术问题是：牙刷柄能够折叠起来，携带方便。

4. 确定必要技术特征

围绕所要解决的最根本的技术问题，确定必要技术特征：

以技术特征④为核心，牙刷的整体结构、刷毛的位置都是必要技术特征。

因此，必要技术特征包括：

①便携式牙刷，由牙刷头4和牙刷柄组成；

②牙刷头4上设置有刷毛；

③牙刷柄由折叠柄3和握柄1构成；

④折叠柄3和握柄1之间通过旋转连接装置6连接，折叠柄3可围绕旋转连接装置6转动。

5. 撰写独立权利要求

（1）确定主题名称

本发明提供一种便携式牙刷，主题名称写为"一种牙刷"或者"一种便携式牙刷"都可以，不要将名称写为"一种折叠牙刷"，这样会使独立权利要求的前序部分写入区别技术特征。

（2）组合必要技术特征

特征①②③为现有技术，写入前序部分，特征④为区别特征，写入特征部分，得到权利要求1如下：

权利要求1：一种便携式牙刷，具有牙刷柄和牙刷头（4），牙刷头（4）上设置有刷毛，牙刷柄由握柄（1）和折叠柄（3）构成，其特征在于：握柄（1）通过旋转连接装置与折叠柄（3）以折叠方式连接。

（3）撰写从属权利要求

区别特征中，特征⑧较为重要，可写为权利要求2。

特征⑨依赖于特征⑦，因此先将特征⑦写为权利要求3，再将特征⑨写为权利要求 4。

最后，将特征⑤⑥写为引用权利要求 1 或 2 的从属权利要求。

这样，写成五项从属权利要求如下：

权利要求 2：根据权利要求 1 所述的便携式牙刷，其特征在于：握柄（1）顶壁具有开口（7），开口（7）的大小与牙刷刷毛相应，当牙刷折叠放置时，牙刷的刷毛正好落入顶壁开口（7）内。

权利要求 3：根据权利要求 2 所述的便携式牙刷，其特征在于：握柄内部形成有放置牙膏袋（5）的中空腔体（2）。

权利要求 4：根据权利要求 3 所述的便携式牙刷，其特征在于：握柄顶壁上的开口（7）与中空腔体（2）连通。

权利要求 5：根据权利要求 1 或 2 所述的便携式牙刷，其特征在于：旋转连接装置是铰链轴或枢轴。

权利要求 6：根据权利要求 1 或 2 所述的便携式牙刷，其特征在于：握柄（1）为细长形盒体。

三、温度指示器案例

（一）案例说明

客户向你所在代理机构提供了他们发明的温度指示器的交底材料（附件 1）和他们所了解的现有技术（附件 2），委托你所在的代理机构为其提出专利申请。

请根据上述交底材料、客户提供的现有技术以及你检索到的对比文件为客户撰写一份发明专利申请的权利要求书，具体要求如下：

1. 独立权利要求应当从整体上反映发明的技术方案、记载解决技术问题的必要技术特征，相对于现有技术具备新颖性和创造性，并且符合《专利法》及《细则》对独立权利要求的其他规定。

2. 从属权利要求应当使得本申请面临不得不缩小独立权利要求保护范围的情况时具有充分的修改余地，但是其数量应当合理、适当，并且符合《专利法》及《细则》对从属权利要求的所有规定。

（二）附件

附件一

在制作油炸食品时，油温决定油炸食品的口感。以炸油饼为例，面圈与油接触的温度不能低于 180℃，如果温度低于 180℃，做出来的油炸饼会很油腻。

已知有多种测定食用油温度的装置。比如，常见的温度指示器包括用于指示油温的指针和刻度。但是，当温度指示器溅上油，很难看清楚指针指示的位置。对比文件 1 公开了另外一种温度指示器，该指示器上有从球体表面向外突出呈鱼鳍状的外部指示条。这种温度指示器使用一次后，就须丢弃或者重置该温度指示器。

本发明温度指示器如图1、图2所示。图1示出了盛有食用油2的油炸锅,温度指示器漂浮在食用油上。图2是图1的局部放大图,图中温度指示器的壳体为具有由金属材料制成的中空的球体1,球体1的外表面上设有环绕球体的圆弧线7,每条圆弧线7上都标注相应的温度值(20℃,160℃,180℃,200℃)。或者,如附件一那样,在球体表面设置鱼鳍状指示条。如图2所示,当温度指示器漂浮在油表面,位于球体最上面的圆弧线7标注的是20℃,就表明食用油2的温度是20℃。

图3是图2中的温度指示器的立体图,温度指示器部分被剖开以显示其内部组成。该温度指示器内部设置双层金属条3,双层金属条由不同材质的两种金属条沿着长度方向黏合而成,其中两种金属有不同的热膨胀系数。通常,用铁和铜来制作双层金属条。由于这两种金属材料的热膨胀系数不同,当温度升高时,使得双层金属条向预先设计的方向弯曲,当温度下降时,双层金属条向相反方向弯曲。

双层金属条3的一个端部4固定在球体1的内表面上,双层金属条的另一个端部固定有球形的砝码5。砝码5由金属材料制成,或者由陶瓷材料制成。在温度为20℃时,如图中实线所示,双层金属条3沿着球体1的轴线9延伸,双层金属条3支撑砝码5使其位于球体1的球心处。如图2所示,当温度高于20℃时,双层金属条3开始弯曲,从而按箭头X所示方向牵引砝码5从球体1的球心位置向外偏移,温度指示器按箭头Y所示方向在食用油2中旋转。如果食用油的温度下降到20℃,双层金属条3牵引砝码5回到球体1的球心处。在此过程中,温度指示器在食用油2中旋转,直到其又回到图2中所示的状态为止。温度指示器内壁上还设置有平衡重6,以维持球体的相对平衡。

由于双层金属条3在对温度变化做出反应时,可以双向地牵引砝码5偏移,所以该温度指示器可以不经重置而反复使用。

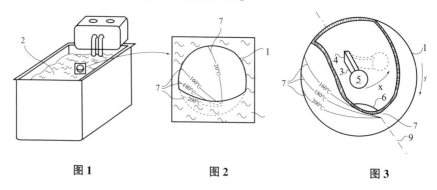

图1　　　　　　　　　图2　　　　　　　　　图3

附件二

本发明涉及一种用于指示油温达到180℃以上的指示装置。如图1所示，该温度指示器具为由金属材料制成的中空的球形球体1。鱼鳍状指示条12从球体1的外表面向外突出。通过弹簧42涂抹的蜡层41和金属材料制成的中空的圆锥形支撑件40，将球形砝码5固定在球体1的内表面上。在20℃条件下，蜡层呈现固态，固态蜡层将砝码5黏结固定在圆锥形支撑件40上。此时，弹簧42处于压缩状态。平衡砝码6固定在球体1的内表面上，用于确保浮在食用油中的温度指示器取得预先设计的定位方向。

蜡层的熔点为180℃，当食用油2的温度达到180℃时，蜡层开始熔化分散。由于弹簧42处于压缩状态，向外舒张时，牵引砝码5按箭头X所示方向向外离开支撑件40。结果，温度指示器按箭头Y所示方向在食用油2中旋转。

通常情况下，这种温度指示器使用一次后就被丢弃，或者将其重置再次使用。为了满足可重置的要求，球体1应当设计成可打开的形式，并可用新的蜡层将球形砝码5固定在锥形支撑件40上。

指示器的主体结构也可以不采用球形而设计成圆柱形或其他形状。

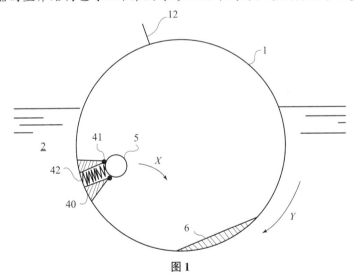

图1

(三) 撰写思路及参考答案

1. 技术特征分析

技术材料中出现的技术特征包括：

①温度指示器的壳体为中空的球体1。

②金属材料制成。

③球体1的外表面上设有环绕球体的圆弧线7，每条圆弧线7上都标注相应的温度值，或者呈鱼鳍状指示条。

④双层金属条3，双层金属条由不同材质的两种金属条沿着长度方向黏合而成，其中两种金属有不同的热膨胀系数。
⑤铁和铜来制作双层金属条。
⑥双层金属条3的一个端部4固定在球体1的内表面上。
⑦双层金属条的另一边端头固定有球形的砝码5。
⑧砝码5由金属材料制成，或者由陶瓷材料制成。
⑨随着温度变化，双层金属条牵引砝码5偏移。
⑩温度指示器内壁上设置有平衡重6。

2. 技术特征对比

技术特征④～⑨都是区别技术特征。

3. 确定技术问题

技术材料中提到要解决两个技术问题：
①现有技术中的温度指示器沾满油污后无法看清刻度；
②提供一种能够反复使用的温度指示器。
其中，第①个技术问题已经被对比文件1解决。
对比文件1是最接近现有技术，与对比文件1相比，本发明实际要解决的技术问题是提供一种能够反复使用的温度指示器。

4. 必要技术特征分析

第①个技术特征，"中空"是必要技术特征，只有温度指示器内中空，才能容纳双金属条；"球体"不是必要技术特征，因为对比文件1中提到还可以是圆柱形体，因此指示器的形状不限于球体。

第②个技术特征，壳体的材料也不是必要技术特征。首先，材料特征选择并非本发明所要解决的技术问题；其次，其他材质也可以适用于本发明。

第③个技术特征，球体1的外表面上设有环绕球体的圆弧线7，每条圆弧线7上都标注相应的温度值，对比文件鱼鳍状指示条也可以指示温度，因此，在壳体外表面设置温度指示标记是必要技术特征，但具体的标记结构不是必要技术特征。

第④个技术特征中，双层金属条3具有不同的热膨胀系数是必要技术特征，双层金属条由不同材质的两种金属条沿着长度方向黏合而成属于双层金属条的具体结构，不是必要技术特征。

第⑤个技术特征，用铁和铜来制作双层金属条是优选实施方式，不是必要技术特征。

第⑥个技术特征，双层金属条3的一个端部4固定在球体1的内表面上是双层金属条与球体的连接关系，是必要技术特征。

第⑦个技术特征，双层金属条的另一边端头固定有球形的砝码5，其中设置砝码5是引起温度指示器旋转的必要条件，是必要技术特征，砝码5固定在双层金属条的另一边端是连接关系，也是必要技术特征。

第⑧个技术特征，砝码 5 由金属材料制成或者由陶瓷材料制成是具体实施方式，不是必要技术特征。

第⑨个技术特征，随着温度变化，双层金属条牵引砝码 5 偏移是金属条的作用，也是引起温度指示器旋转的必要条件，因此是必要技术特征。

第⑩个技术特征，温度指示器内壁上设置有平衡重 6，虽然对于温度指示器实现平衡来说是一个必不可少的部件，但是该特征与所要解决技术问题并无直接的关联，因此不是必要技术。

5. 独立权利要求撰写

本发明温度指示器的必要技术特征中，现有技术已经公开的特征为：温度指示器为中空壳体、壳体外表面设置温度指示标记；现有技术未公开的特征为：双层金属条由具有不同热膨胀系数的金属构成、双层金属条的一个端部固定在壳体的内表面上，另外一个端部固定有砝码、随着温度变化，双层金属条牵引砝码偏移。

综合上述特征，划界完成独立权利要求如下：

权利要求 1：一种温度指示器，包括用于指示油温的温度指示标记，温度指示器具有中空壳体；其特征在于：该温度指示器内部设置双层金属条（3），两种金属有不同的热膨胀系数；双层金属条（3）的一个端部（4）固定在壳体（1）的内表面上，双层金属条的另一个端部固定有砝码（5）；双层金属条（3）在对温度变化做出反应时，双向地牵引砝码（5）偏移。

6. 撰写从属权利要求

温度指示器的形状、温度指示标记的具体结构、双金属条的材质、结构等特征可写入从属权利要求。

完成从属权利要求如下：

权利要求 2：根据权利要求 1 所述的温度指示器，其特征在于：温度指示器的壳体为中空的球体（1）。

权利要求 3：根据权利要求 1 或 2 所述的温度指示器，其特征在于：壳体（1）的外表面上设有环绕球体的圆弧线（7），每条圆弧线（7）上都标注相应的温度值。

权利要求 4：根据权利要求 1 或 2 所述的温度指示器，其特征在于：壳体（1）的外表面上，或者呈鱼鳍状指示条。

权利要求 5：根据权利要求 1 所述的温度指示器，其特征在于：双层金属条（3）由两种金属条沿着长度方向黏合而成。

权利要求 6：根据权利要求 4 所述的温度指示器，其特征在于：双层金属条的材料为铁和铜。

权利要求 7：根据权利要求 1 所述的温度指示器，其特征在于：温度指示器内壁上设置有平衡重（6）。

第三节 权利要求的概括

一、概述

与不需要概括的权利要求的撰写相比,本专题权利要求撰写的特点是需要对技术交底材料中给出的多个实施例的共性进行总结,在独立权利要求和/或从属权利要求中进行上位概括或功能性概括。

(一)多个实施例需要概括的判断

对于需要撰写的产品,技术交底针对所要解决的技术问题或者重要的技术内容往往会给出多种实施方式(方法一般不会出现多个实施方式要求考生概括)。对于具有多种不同结构的产品权利要求而言,在撰写权利要求时,首先应当分析这些不同结构的产品之间的关系。

1. 多个实施例的改进之间为主从关系

对于实施例中给出了多个不同结构的产品,如果这些不同结构的产品之间有主从关系,就可针对基础性结构撰写独立权利要求,而将其他几种结构的产品作为从属权利要求撰写。

2. 多个实施例为并列改进,各改进方案之间具有相同的构思

(1)多个实施例可以进行概括

如果这些不同结构的产品之间是并列的且满足单一性要求的技术方案,则应当尽可能对这些不同结构的产品采用概括方式(上位概括或者功能性概括)的技术特征加以描述,从而将这些不同结构的产品都纳入独立权利要求中;在此基础上再分别针对这些不同结构产品的区别撰写相应的从属权利要求。

(2)多个实施例无法进行概括

在某些情况下,无法针对不同结构的产品撰写成一项将这些产品都纳入其要求专利保护范围的独立权利要求,则可以分别针对这些具有不同结构的产品撰写独立权利要求。

对于具有相同构思的多个实施例,一般可以进行概括。

3. 多个实施例为并列改进,各改进方案之间不具有单一性

如果几种不同结构的产品是并列的技术方案,且彼此之间不属于一个总的发明构思,则只能分别在几件专利申请中以独立权利要求方式撰写。

(二)需要概括的权利要求撰写步骤

针对需要概括的权利要求,仍然通过六步法进行撰写,在技术特征分析时,

需要对多个实施例的共同点进行概括。

对于针对发明点有两个以上并列实施例的，可以通过以下方式概括：

① 功能性概括，采取具有……功能的装置/部件/结构的概括方式。
② 功能性概括，但是不出现部件名称，而是直接以功能代替具体结构。
③ 上位概括，采取部件的上位名称代替具体部件。
④ 上位概括，不出现上位名称，而是用省略具体结构的方式表述。

下面通过案例说明六步法在技术材料给出多个实施例的情况下如何应用。

二、便携式牙刷案例

（一）案例说明

客户提供了他们发明的两种便携式牙刷的简要说明（附件一）以及他们所了解的现有技术（附件二），委托你就这两种牙刷提出发明专利申请。在撰写专利申请文件前，你对现有技术进行了检索，找到了一篇相关的对比文件（附件三）。

第一题：请你根据客户提供的发明简要说明（附件一）和现有技术（附件二），以及你检索到的对比文件（附件三）为客户撰写一份权利要求书。

第二题：请按照《专利法》《细则》和《审查指南》的有关规定，对下述问题做出回答，回答内容应与你先前所撰写的权利要求书相适应：

① 你认为这两项现有技术（附件二和附件三）中哪一项是与本发明最接近的现有技术，请说明理由。
② 相对于客户提供的和你检索到的现有技术（附件二和附件三）确定本发明要解决哪些技术问题，并简述理由。
③ 请说明你所撰写的独立权利要求相对于两项现有技术（附件二和附件三）具有新颖性和创造性的理由。

（二）附件

附件一

【001】如图1所示，便携式牙刷包括牙刷本体1、兼做刷柄的盒体2和牙膏软袋4。牙刷本体1和盒体2通过铰链3折叠连接，从而牙刷本体1可绕铰链3折叠，折叠之后的牙刷体积小，携带方便。

【002】牙膏软袋4置于盒体2中。盒体2形状是细长方体，盒体2顶壁上有一个形状、大小与刷毛7相对应的刷毛空腔8，当牙刷折叠起来放置的时候，牙刷刷毛7正好落在此刷毛空腔8内，这样外出旅游时携带牙刷可保持卫生。

【003】盒体2底壁上开有孔5，置于盒底的牙膏软袋压板6的下方有一凸块13，从此孔5中伸出。牙膏软袋4采用软袋包装，放在压板6上。牙膏出膏口12开在牙膏软袋4上侧与刷毛空腔8位置相对应处。出膏口12上有螺纹，与牙膏旋盖11匹配。使用时，打开牙膏旋盖11，推动凸块13即可将牙膏挤出，不需要

将牙膏袋取出即可使用。

【004】盒体2一端有端盖9,端盖9内壁上有2至4个突起14,它与盒体2侧端外壁上的凹孔相卡紧,从而紧固盒体上更换牙膏袋的开口,并方便更换牙膏袋。

【005】图2显示了另外一种便携式牙刷的剖面图,其中采用了另外一种挤压牙膏软袋4的装置。

在盒体2远离刷毛空腔8那一端设置了一块可移动板15来代替图1中的压板6,该可移动板15侧面有一个突出的拨块16,盒体2壁上与此拨块16相对应的位置处开一条沿盒体2长边走向的长条形槽17,可移动板15拨动拨块16时,可以使可移动板15沿着盒体2长边方向移动。使用时,打开牙膏旋盖11,推动拨块16即可将牙膏挤出,不需要将牙膏袋取出即可使用。

【006】盒体2一端设置的端盖9为凸销形状,插入在盒体开口侧,以方便更换牙膏袋。

【007】当然,此挤压牙膏软袋的装置还可采用其他结构,如目前市场上可买到的固体胶棒中的螺旋送进机构。同样,牙刷本体与盒体之间的连接不局限于铰链连接,还可采用其他连接方式,如卡入式连接,插拔方式配合,只要能形成牙刷头和盒体之间的折叠关系即可。

【008】兼作刷柄盒体的截面形式也可为半圆形、半椭圆形状或其他适用形状。这样的变换均落在本发明的保护范围之内。

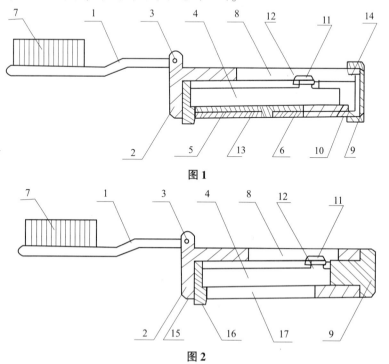

图1

图2

附件二

一种牙刷，如图1所示，便携式牙刷包括牙刷本体32、兼作刷柄的盒体31、盒体侧边设置的端盖35、盒体上的牙刷本体的插孔33以及小袋牙膏34。使用时，可打开盒体的端盖35，取出牙刷本体和牙膏，将牙刷的一端插入盒体的插孔中，拧开牙膏袋出口的螺旋盖，挤出牙膏。用毕可将牙刷本体取下，连同牙膏一起放入盒体内，盖上端盖即可携带。可在端盖与盒体配合的位置处分别设置凸起和凹点，利用凹凸配合使得端盖与盒体固定牢固。

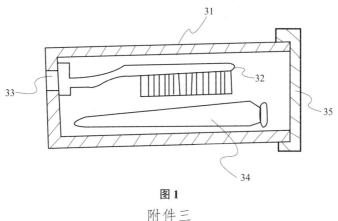

图1

附件三

如图1所示，一种折叠牙刷，盒体1通过铰链轴3与牙刷本体2相连接，在盒体1下端设有与牙刷本体2上刷毛5相应的空腔4，折叠后刷毛5正好位于该空腔4内。盒体1上还设有可收放牙膏的小盒6。

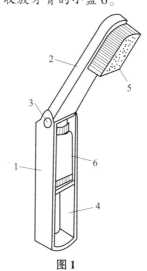

图1

(三) 案例解析及参考答案

1. 权利要求撰写思路

下面按照六步法给出撰写权利要求的思路。

(1) 技术特征

①便携式牙刷包括牙刷本体1、兼作刷柄的细长方形盒体2，牙刷本体1与细长方形盒体2之间通过铰链3连接（便携式牙刷的整体结构）。

②牙膏软袋4置于盒体2中（连接关系）。

③盒体是细长方形（形状）。

④盒体顶壁上有一个携带时供刷毛放入的刷毛空腔8（连接关系）。

⑤盒体2内牙膏软袋4下方放置一个带有凸块13的、挤压牙膏的压板6，盒体底部开有一个与压板凸块13形状相应的孔5，压板凸块13从其中伸出底部（挤压牙膏软袋的第一实施方式）。

⑥出膏口12开在牙膏软袋4上侧，与刷毛空腔8位置相对应（连接关系）。

⑦出膏口12与旋盖11螺纹连接（连接关系）。

⑧盒体2一端有端盖9，端盖9内壁上有2至4个突起14，它与盒体2侧端外壁上的凹孔10相卡紧（端盖的第一种实施方式）。

⑨盒体2远离刷毛空腔8的一端设有边缘上带有拨块16的可移动板15；盒体壁上与拨块16相应位置处开有一条长条形槽17，可移动板15上的拨块16从长条形槽17中伸出，并可沿长条形槽17移动（挤压牙膏软袋的第二实施方式）。

⑩盒体2一端设置的端盖9为凸销形状（端盖的第二种实施方式）。

⑪螺旋送进机构（挤压牙膏软袋的第三实施方式）。

⑫折叠连接方式（本体和盒体之间连接关系的其他实施方式）。

⑬盒体截面为半圆形、半椭圆形（盒体形状的其他实施方式）。

(2) 找发明点

①与现有技术进行特征对比，确定能为申请带来新颖性、创造性的技术特征

附件三与本发明属于同一技术领域，且公开的技术特征最多，是最接近的现有技术。与现有技术相比，能够为发明带来新颖性、创造性的特征是⑤⑥⑨⑩。

本申请	附件二	附件三	比较结果
①便携式牙刷包括牙刷本体1、兼作刷柄的细长方形盒体2，牙刷本体1与细长方形盒体2之间通过铰链3连接	牙刷本体和盒体之间为插拔式连接	牙刷本体与盒体之间通过铰链轴折叠连接	现有技术
②牙膏软袋4置于盒体2中	盒内设置牙膏软袋34	牙膏袋设在盒中	现有技术

续表

本申请	附件二	附件三	比较结果
③盒体是细长方形	细长方形	细长方形	现有技术
④盒体顶壁上有一个携带时供刷毛放入的刷毛空腔8	未公开	盒体设置有容置刷毛的腔体	现有技术
⑤盒体2内牙膏软袋4下方放置一个带有凸块13的、挤压牙膏的压板6，盒体底部开有一个与压板凸块13形状相应的孔5，压板凸块13从其中伸出底部	未公开	未公开	区别特征
⑥出膏口12开在牙膏软袋4上侧，与刷毛空腔8位置相对应	未公开	未公开	区别特征
⑦出膏口12与旋盖11螺纹连接	螺纹盖连接牙膏出口	未公开	现有技术
⑧盒体2一端有端盖9，端盖9内壁上有2至4个突起14，与盒体2侧端外壁上的凹孔10相卡紧	盒体侧边设置端盖35	未公开	现有技术
⑨盒体2远离刷毛空腔8的一端设有边缘上带有拨块16的可移动板15；盒体壁上与拨块16相应位置处开有一条长条形槽17，可移动板15上的拨块16从长条形槽17中伸出，并可沿长条形槽17移动	未公开	未公开	区别特征
⑩盒体2一端设置的端盖9为凸销形状	未公开	未公开	区别特征
螺旋送进机构	未公开	未公开	区别特征
其他折叠连接方式	插拔连接	折叠连接	现有技术
盒体截面为半圆形、半椭圆形	未公开	未公开	现有技术

②确定发明点。在区别技术特征⑤⑥⑨⑩中，⑤⑨是挤压牙膏软袋装置的三种实施方式，与技术特征⑥是相关联的技术特征，这些特征组合在一起构成本发明的发明点。

（3）确定要解决的技术问题

从区别特征⑤⑥⑨所起到的作用以及效果可知，本申请使用起来更方便，不必从盒体中取出牙膏，只要按下或推动盒底的压板就将牙膏挤在刷毛上。因此，相对于最接近的现有技术来说，本申请的目的是提供一种使用更方便的便携式旅行牙刷，使用时不必从盒体中取出牙膏袋。

(4) 确定必要技术特征

为解决上述技术问题，必要技术特征分析过程如下：

第①个技术特征是牙刷的整体结构，是必要技术特征。其中与铰链连接等同的方案有卡入式、插拔式，可概括为"折叠连接"。

第②个技术特征是牙膏软袋 4 与盒体 2 的连接关系，其与所要解决的技术问题密切相关，是必要技术特征。

第③个技术特征是盒体的形状，与所要解决的技术问题无关，不是必要技术特征。

第④个技术特征"盒体顶壁上有一个携带时供刷毛放入的刷毛空腔 8"是为了将牙膏直接挤在刷毛上必不可少的特征。

第⑤个技术特征"盒体 2 内牙膏软袋 4 下方放置一个带有凸块 13 的、挤压牙膏的压板 6，盒体底部开有一个与压板凸块 13 形状相应的孔 5，压板凸块 13 从其中伸出底部"是挤压牙膏软袋的第一实施方式，直接将这个特征写入独立权利要求会使保护范围变窄，需要进行上位或者功能性概括。

第⑥个技术特征"出膏口 12 开在牙膏软袋 4 上侧，与刷毛空腔 8 位置相对应"是为了将牙膏直接挤在刷毛上必不可少的特征。

第⑦个技术特征"出膏口 12 与旋盖 11 螺纹连接"，对于产品来说必不可少，但是与发明所要解决的技术问题无关，因此不是必要技术特征。

第⑧个技术特征"盒体 2 一端有端盖 9，端盖 9 内壁上有 2 至 4 个突起 14，它与盒体 2 侧端外壁上的凹孔 10 相卡紧"是端盖的第一种实施方式，设置端盖的目的是更换牙膏软袋，与所要解决的技术问题无关，故端盖不是本实用新型的必要技术特征。

第⑨个技术特征"盒体 2 远离刷毛空腔 8 的一端设有边缘上带有拨块 16 的可移动板 15；盒体壁上与拨块 16 相应位置处开有一条长条形槽 17，可移动板 15 上的拨块 16 从长条形槽 17 中伸出，并可沿长条形槽 17 移动"是挤压牙膏软袋的第二实施方式，与第⑤个技术特征是相同构思的实施方式，需要进行概括。

第⑩个技术特征"盒体 2 一端设置的端盖 9 为凸销形状"是端盖的第二种实施方式，非必要技术特征。

第⑪技术特征"螺旋送进机构"是挤压牙膏软袋的第三实施方式，与特征⑤⑨属于相同构思的实施方式，可一起进行概括。

第⑫技术特征"折叠连接方式"的具体结构是第①个技术特征中"活动连接"的实施方式，已涵盖在"活动连接"中。

第⑬技术特征是"盒体形状的其他实施方式"，不是必要技术特征。

上述需要概括的技术特征⑤⑨个实施例实现了同样的功能"挤压牙膏软袋"，因此可以使用功能性概括"盒体中设有挤压牙膏软袋的装置"来覆盖三种具体实施方式。

(5) 撰写独立权利要求

独立权利要求的主题名称可为"一种牙刷""一种便携式牙刷"或者"一种带牙膏袋的牙刷"。使用"便携式牙刷"更为贴切。

对必要技术特征进行语言上的调整，得到独立权利要求如下：

权利要求1：一种便携式牙刷，由牙刷本体（1）、兼作刷柄的盒体（2）和置于盒体内的牙膏软袋（4）组成，牙刷本体（1）与盒体（2）之间为折叠连接，所述盒体（2）顶壁上有一个形状、大小与刷毛（7）相应的空腔（8），所述牙刷本体（1）折叠后，刷毛（7）正好位于此空腔（8）内；其特征在于：所述牙膏软袋（4）的出膏口（12）位置与此刷毛空腔（8）位置相对应；该盒体（2）中有一个挤压牙膏软袋（4）的装置。

(6) 撰写从属权利要求

从属权利要求应当按照技术内容的重要性，依次进行撰写。特别需要注意，端盖有两种实施方式，需要在从属权利要求中进行概括（见权利要求4）。

权利要求2：根据权利要求1所述的便携式牙刷，其特征在于：所述挤压牙膏软袋（4）的装置是一块位于牙膏软袋（4）下方的、带凸块（13）的压板（6）；所述盒体（2）底壁上与该凸块（13）相应位置处开有一个孔（5），该压板凸块（13）从此孔（5）中伸出。

权利要求3：根据权利要求1所述的便携式牙刷，其特征在于：所述挤压牙膏软袋（4）的装置是一块位于盒体（2）远离刷毛空腔（8）那一端的可移动板（15），该可移动板（15）边缘上有一拨块（16）；所述盒体（2）壁上与此拨块（16）相应位置处开有一条长条形槽（17）；该可移动板（15）上的拨块（16）从此长条形槽（17）中伸出，并可沿此长条形槽（17）移动。

权利要求4：根据权利要求1~3任何一项所述的便携式牙刷，其特征在于：所述盒体（2）上有一个可供更换牙膏软袋（4）的开口和一个与此开口相配的端盖（9）。

权利要求5：根据权利要求4所述的便携式牙刷，其特征在于：端盖（9）内壁上有2至4个突起（14），它与盒体（2）侧端外壁上的凹孔（10）相卡紧。

权利要求6：根据权利要求4所述的便携式牙刷，其特征在于：端盖（9）为凸销形状，插入在盒体开口侧。

2. 问答题参考答案

①附件三是本发明的最接近现有技术，附件三和附件二的技术领域均与本发明的技术领域相同，但是附件三公开了刷头可以折叠并容纳在刷柄上的凹腔中，而附件二刷头不能折叠，由此可知附件三解决的技术问题比附件二更相近于本发明；因此，应以附件三作为本发明最接近的现有技术。

②应根据附件三来确定本发明所要解决的技术问题。相对于该附件三，本发

明所要解决的主要技术问题是提供一种使用方便的便携式旅行牙刷，使用时不必从盒体中取出牙膏袋。

③新颖性分析：附件二中未披露权利要求1特征部分的技术特征，即"所述盒体（2）壁上有一个形状、大小与刷毛（7）相应的空腔（8），携带时所述牙刷本体（1）上的刷毛（7）正好位于此空腔（8）内；所述牙膏软袋（4）的出膏口（12）位置与此刷毛空腔（8）位置相应；该盒体（2）中有一个挤压牙膏软袋（4）的装置"，所以权利要求1相对于附件二具有专利法第二十二条第二款规定的新颖性。附件三未披露权利要求1特征部分的技术特征，即"刷柄内设置有牙膏软袋，盒体内容纳牙膏软袋（4），所述牙膏软袋（4）的出膏口（12）位置与刷毛空腔（8）位置相应；该盒体（2）中有一个挤压牙膏软袋（4）的装置"，故权利要求1相对于附件三具有专利法第二十二条第二款规定的新颖性。

④创造性分析：附件三是本发明的最接近对比文件，权利要求1与该对比文件1所披露内容的区别在于：还包括刷柄内设置有牙膏软袋（4），盒体（2）内容纳牙膏软袋（4），所述牙膏软袋（4）的出膏口（12）位置与刷毛空腔（8）位置相应；该盒体（2）中有一个挤压牙膏软袋（4）的装置。权利要求1相对于该对比文件来说解决了使用时不必从盒体中取出牙膏袋这个技术问题。在附件二中未披露上述技术特征，也未解决上述技术问题。即使将附件三和附件二结合起来，也解决不了上述问题。因此，权利要求1的技术方案相对于这两篇对比文件是非显而易见的，因此，该方案具有突出的实质性特点。

由于采用上述结构，可解决使用时不必从盒体中取出牙膏袋这个技术问题，因而能够在使用上更为方便，因此权利要求1的技术方案也具有显著的进步。综上所述，权利要求1相对于上述两项现有技术具有《专利法》第二十二条第三款规定的创造性。

第四节　并列发明点的撰写

一、概述

并列发明点是指说明书技术交底材料或者说明书中有两个或者两个以上的起到根本、基础作用的发明点。专利新申请撰写时，对并列的发明点需要进行另案申请。本节讲述撰写试题中并列发明点的处理方式。

（一）并列发明点的判断

出现以下情形时，需要考虑并列发明点独立权利要求的布局问题：

①技术交底材料中明确给出了发明所要解决的多个（试题中一般是两个）最根本的技术问题，多个根本的技术问题是并列的，无依存或者主从关系，实施

方式之间也没有的相同构思。

②虽然技术交底材料中只有一个最根本的所要解决的技术问题，但是有多个实施方式，多个实施方式之间不具有相同的构思，无法进行概括，撰写为多个并列的独立权利要求又不具有单一性。

（二）并列发明点的布局方式

技术交底材料有多个发明点时，首先在一件专利申请中，技术交底材料给出的技术内容都要写到权利要求中。这时，第二个发明可能会写为从属权利要求。但是，为了充分保护发明创造，还需要针对第二个发明点撰写成另一项独立权利要求及其相应的从属权利要求，并建议委托人在同日另行提出一件专利申请。

比如，一项发明涉及拖把结构的改进，技术交底书中描述了两项所要解决的技术问题：第一个是在拖把外部提供一种新型锁合结构，第二个是提供一种驱动结构。这两个都是最根本的技术问题。在撰写权利要求时，可以围绕第二个技术问题将拖把的内部结构撰写为独立权利要求，将外部锁合结构作为从属权利要求，即相互之间没有主从关系的结构可以通过改变主题名称撰写为一件申请。但是，考虑到产品的全面保护，还应当将写入从属权利要求的锁合结构单独作为另外一件申请。

（三）撰写步骤

并列发明点的撰写与六步法基本相同，只是多了一个步骤七。在第二步确定发明点时发现有两个或者两个以上并列发明点时，在第五步撰写独立权利要求时先以第一个发明点为核心撰写独立权利要求。在步骤七中，以第二个发明点为核心再撰写一个独立权利要求。下面通过纸杯案例说明并列发明点的撰写方式。

（四）论述另案申请的理由

凡是有另案申请都需要论述另案申请的理由，要从独立权利要求之间不具有单一性的角度论述另案申请的理由。

二、纸杯案例

（一）案例说明

客户向你所在专利代理机构提交了一份技术材料及其附图（参见附件一）以及现有技术（参见附件二）。客户现委托你所在的专利代理机构为之提交专利申请，要求你为客户撰写专利申请文件。你进行了检索，发现了一份对比文件（参见附件三）。请根据上述客户提供的交底材料、现有技术以及检索出的现有技术为客户撰写一份发明专利申请的权利要求书，具体要求如下：

①独立权利要求应当从整体上反映发明的技术方案、记载解决技术问题的必要技术特征，相对于现有技术具备新颖性和创造性，并且符合《专利法》及《细则》对独立权利要求的其他规定。

②从属权利要求应当使得本申请面临不得不缩小独立权利要求保护范围的情况时具有充分的修改余地,但是其数量应当合理、适当,并且符合《专利法》及《细则》对从属权利要求的所有规定。

③如果认为该申请的一部分内容应当通过一份或者多份申请分别提出,撰写出独立权利要求,并说明另案申请的理由。

(二) 附件

附件一：客户提交的技术材料及其附图

现有的一次性纸杯如附件一所示,仅是简单地通过杯底和杯壁构成。用这种一次性杯子饮茶时,茶叶与茶水会同时进入口中。

本发明的一次性杯子（见图1、图2）包括杯体1,杯体1的杯腔中部设有过滤片2,过滤片2将杯腔分为用于盛放茶叶或中药凉茶等类似饮用品的容置空腔3及位于该空腔3上方的饮水用腔9。在过滤片2上密布有多个通孔4。为了使过滤片2定位于杯体1的腔内,在上述杯体1中段杯壁上设有至少多条环状凸棱5,过滤片2的边缘嵌合在凸棱5上。上述凸棱5也同时起到加强杯体强度的作用。

过滤片2可过滤茶叶,这样在饮水时不会使茶叶一起进入口中。而且,当将开水冲入时,茶叶受过滤片2的隔离不能浮于水面,使得茶叶易于浸泡。过滤片2单独制造,易于成形。

本发明的一次性杯子还可盛装凉茶。为了使本发明的一次性杯子盛装凉茶便于运输,在上述杯体1外缘设有向外翻折的杯边6,杯边6截面呈倒U形。在杯体1上设有杯盖7,杯盖7外缘设有与杯体1的杯边6相互扣合的盖边。为了使一次性杯子更牢固,便于与制好的冰凉茶水一起运输、出售,也可以在杯子的整体外部套装塑料包装膜8。这种结构也可用到其他现有的一次性纸杯上。

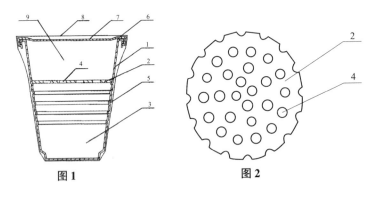

图1　　　　　　　　图2

附件二

一次性杯子，如图1所示，该杯子由杯体21和与该杯体21制成一体的杯底20构成。

图1

附件三

一种陶瓷杯，详见图1及图2。图1是该陶瓷杯的俯视图，图2是图1的A-A截面的剖视图。

在杯体11上，斜置设置有带通孔14的半圆形茶渣挡板12。茶渣挡板12与杯体一体设置。

利用这种方便杯子喝茶时，将杯体11向一方倾倒，茶渣挡板12挡住茶渣，且茶渣始终在杯体11内的水中浸泡着。

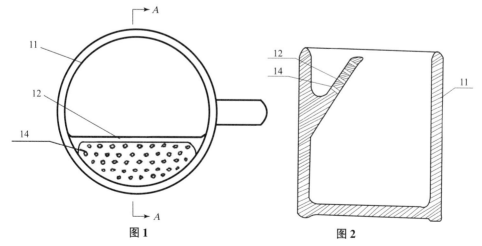

图1　　　　　　　　　　**图2**

（三）案例解析及参考答案

1. 技术特征分析

对于本申请的杯子，共列出以下9个技术特征：

①一次性杯子,包括杯体(1)和杯底。
②设有通孔(4)的过滤片(2)。
③过滤片(2)将杯腔分为饮用品空腔(3)及饮水用腔(9)。
④杯体(1)中段杯壁上设有多条环状凸棱(5)。
⑤过滤片(2)的边缘嵌合在凸棱(5)上。
⑥杯体(1)外缘设有向外翻折的杯边(6),其截面呈倒U形。
⑦杯体(1)上设有杯盖(7)。
⑧杯盖(7)外缘设有与杯体(1)的杯边(6)相互扣合的盖边。
⑨在杯子的整体外部套装塑料包装膜(8)。

2. 找发明点

(1) 与现有技术进行特征对比,确定能为申请带来新颖性、创造性的技术特征

附件二的技术领域是一次性杯子,与本发明的领域最为接近,将附件二作为最接近的现有技术。与最接近现有技术相比,区别技术特征是:特征②~⑨。

其中,特征②③在附件3中公开。因此,能为发明带来创造性的特征是④~⑨。

(2) 确定发明点

在特征④~⑨中,特征④⑤是一组,在杯体(1)中段杯壁上设置若干条环状凸棱、过滤片(2)的边缘嵌合在由相邻两凸棱(5)形成的凹槽中的结构,是为了使过滤片(2)可拆卸。因此,发明点是特征④⑤。

特征⑥⑦⑧是一组,改进点在于为一次性杯子设置杯盖,也是本发明的发明点。

特征⑨是第二个发明点的进一步改进。

3. 确定本发明专利申请所要解决的技术问题

与最接近现有技术相比,本发明要解决两个技术问题,第一个技术问题是在一次性杯子中提供一种可拆卸的过滤片。第二技术问题是为便于一次性杯子盛装凉茶运输,在一次性杯子上设置杯盖。

4. 解决第一个技术问题的全部必要技术特征

特征④⑤是发明点,是必要技术特征。

特征①是杯子的整体构造,特征②是过滤片的结构,也是必要技术特征。

特征③与一次性杯子的改进结构无关,可不写入独立权利要求。

特征⑥⑦⑧和特征⑨都是进一步改进,不是必要技术特征。

5. 撰写独立权利要求

(1) 主题名称

可作为主题名称的有:杯子,一次性杯子,过滤片,可拆卸的过滤片。本申请涉及一次性杯子,对于改进点是否适用于所有的杯子也没有进行描述,因此主题名称可以限定为"一次性杯子"。

单独的过滤片离开了这种饮水的杯子也没用处,所以,不需要对过滤片单列

技术主题进行保护。

（2）完成独立权利要求的撰写

权利要求1：一种杯子，包括杯体（1）和杯底，其特征在于，杯体（1）的杯腔中设有带通孔（4）的过滤片（2），所述杯体（1）的杯壁上设有环状凸棱（5），所述过滤片（2）嵌合在凸棱（5）上。

6. 完成从属权利要求的撰写

可将其余的特征③、特征⑥⑦⑧和特征⑨分别写入从属权利要求如下：

权利要求2：根据权利要求1所述的杯子，其特征在于通过所述过滤片（2）将杯腔分为用于盛放茶叶或中药凉茶的空腔（3）及位于该空腔（3）上方的饮水用腔（9）。

权利要求3：根据权利要求1或2所述的杯子，其特征在于过滤片（2）设置在杯体中段的内壁上。

权利要求4：根据权利要求1或2所述的杯子，其特征在于在所述杯体（1）外缘设有向外翻折的杯边（6），其截面呈倒U形，在所述杯体（1）上设有杯盖（7），杯盖（7）外缘设有与杯体（1）的杯边（6）相互扣合的盖边。

权利要求5：根据权利要求4所述的杯子，其特征在于在杯子的整体外部套装塑料包装膜（8）。

7. 撰写第二件专利申请的独立权利要求

一种杯子，包括杯体（1）和杯底，其特征在于在所述杯体（1）外缘设有向外翻折的杯边（6），其截面呈倒U形，在所述杯体（1）上设有杯盖（7），杯盖（7）外缘设有与杯体（1）的杯边（6）相互扣合的盖边。

8. 论述另案申请的理由

第一份专利申请的独立权利要求1相对于现有技术做出贡献的技术特征为"所述杯体（1）的杯壁上设有环状凸棱（5），所述过滤片（2）嵌合在凸棱（5）上"。

第二份专利申请的独立权利要求1相对于现有技术做出贡献的技术特征为"所述杯体（1）外缘设有向外翻折的杯边（6），其截面呈倒U形，在所述杯体（1）上设有杯盖（7），杯盖（7）外缘设有与杯体（1）的杯边（6）相互扣合的盖边"。

由此可见，两个独立权利要求对现有技术做出贡献的技术特征（特定技术特征）既不相同，彼此之间在技术上也无相互关联，从而两个独立权利要求之间并不包含相同或相应的特定技术特征，不属于一个总的发明构思，彼此之间不具备单一性，因此应当分别作为两份专利申请提出。

附录：专利文献与专利分类

一、专利文献基础知识

(一) 专利文献概述

1. 专利文献的概念

专利文献是实行专利制度的国家及国际性专利组织在审批专利过程中产生的官方文件及其出版物的总称。

作为公开出版物的专利文献主要有各种类型的发明专利说明书、实用新型说明书和工业品外观设计说明书，各种类型的专利公报、文摘和索引等。

2. 专利文献的作用

专利文献是传播专利信息的媒介，提供技术评价和技术法律状态等情报信息，以及竞争对手在技术或产品方面的开发、研制情况等。

(二) 专利单行本组成部分

1. 专利单行本

专利单行本，是用以描述发明创造内容和限定专利保护范围的一种官方文件或其出版物。

各工业产权局出版的每一件专利单行本基本包括以下组成部分：扉页、权利要求书、说明书、附图（如果有的话），部分工业产权局出版的专利单行本还附有检索报告。

出版附有检索报告的专利单行本的国家或组织有欧洲专利局、世界知识产权组织国际局、英国专利局、法国工业产权局等。中国专利局发出的检索报告不出版。

2. 扉页信息

扉页是以专利文献著录项目形式揭示每件专利的基本信息的文件部分。

扉页揭示的基本专利信息包括：专利申请的时间、申请的号码、申请人或专利权人、发明人、发明创造名称、发明创造简要介绍及摘要附图（机械图、电路图、化学结构式等——如果有的话）、发明所属技术领域分类号、公布或授权的时间、文献号、出版专利文件的国家机构等。

（三）专利文献种类相关国际标准

1. 国际标准

为协调各工业产权局信息活动，规范不同种类的专利文献，世界知识产权组织制定了相关国际标准。该标准规定了几组字母代码，来简化各工业局公布的不同种类的专利文献。其主要内容为：

第 1 组：用于发明专利申请的基本或主要编号序列的文献

A——第一公布级，公开阶段产生的发明专利申请说明书；

B——第二公布级，经过实质审查尚未授权的发明专利文件；

C——第三公布级，已经经过实质审查获得授权的发明专利文件。

第 2 组：实用新型文献

U——第一公布级，未经实质审查尚未授予专利权；

Y——第二公布级，未经实质审查而授予专利权；

Z——第三公布级，已经经过实质审查并授予专利权。

第 3 组：特殊系列的专利文献

（略）

2. 各国具体做法

（1）美国专利商标局

A1——专利申请公布单行本，未经实质审查尚未授予专利权；

B1——美国专利单行本，经实质审查授予专利权，无在先申请公布；

B2——美国专利单行本，经实质审查授予专利权，有在先申请公布。

（2）欧洲专利局

A1——带有检索报告的欧洲专利申请单行本，未经实质审查尚未授予专利权；

A2——不带检索报告的欧洲专利申请单行本，未经实质审查尚未授予专利权；

A3——单独出版的检索报告；

A4——补充检索报告；

B1——欧洲专利单行本，经实质审查授予专利权。

（四）国别代码国际标准

为便于以编码形式标识国家、其他实体及政府间组织，WIPO 制定了国别代码标准。

代码	名称	代码	名称
AT	奥地利	FR	法国
AU	澳大利亚	ES	西班牙
SG	新加坡	GB	英国
CA	加拿大	JP	日本
CH	瑞士	KR	韩国
CN	中国	RU	俄罗斯联邦
DE	德国	US	美国
EP	欧洲专利局	WO，IB	世界知识产权组织

(五) 专利文献著录项目及其代码

各国专利局出版的专利文献自1973年开始标注著录项目识别代码。不需要记忆各种代码的含义，只要根据客户的著录项目信息推测即可，可结合同步练习学习。

(六) 同族专利

同族专利指拥有至少有一个相同优先权、在不同国家或国际专利组织申请的一组专利文献。

举例：

US4588244（申请日：1985年1月14日）——基本专利

JP61-198582A（申请日：1985年11月30日）

GB2169759A（申请日：1986年1月3日）

CA1231408A1（申请日：1986年1月7日）

FR2576156A（申请日：1986年1月13日）

互为同族专利。

二、中国专利文献

(一) 中国专利编号

1. 申请号

(1) 编号规则

申请年代 + 申请种类 + 申请序号 + 小数点 + 校验位

(2) 申请种类

1 - 发明专利申请；2 - 实用新型专利申请；3 - 外观设计专利申请；8 - 进入

中国国家阶段的 PCT 发明专利申请；9 – 进入中国国家阶段的 PCT 实用新型专利申请。

2. 文献号

（1）种类

包括发明专利申请公开号、发明专利审定公告号、实用新型专利申请公告号、外观设计专利申请公告号。

（2）编号规则

国别代码 + 申请种类 + 申请公布序号 + 文献种类代码

授权公告号：CN1781298B（原申请公开号 CN1781298A）

（3）文献种类代码

A – 发明专利申请公开；

B – 发明专利授权公告；

U – 实用新型专利授权公告；

S – 外观设计专利授权公告；

C – 发明专利权部分无效宣告的公告；

Y – 实用新型专利权部分无效宣告的公告；

S – 外观设计专利授权公告或专利权部分无效宣告的公告。

3. 历年文献编号举例

（1）1985—1988 年编号系统

种类	申请号	公开号	公告号	审定公告号	专利号
发明	85100001	CN85100001A		CN85100001B	ZL85100001
实用新型	88210369		CN8210369U		ZL88210369
外观设计	88300457		CN88300457S		ZL88300457

（2）1989—1992 年编号系统

种类	申请号	公开号	公告号	审定公告号	专利号
发明	89100002.X	CN1044155A		CN1014821B	ZL89100002.X
实用新型	89200001.5		CN2043111U		ZL89200001.5
外观设计	89300001.9		CN3005104S		ZL89300001.9

(3) 1993—2010 年 3 月编号系统

种类	申请号	公开号（公布号）	授权公告号	专利号
发明	93100001.7 200710055212.X	CN1089067A CN100998275A	CN1033297C CN100569061C	ZL93100001.7 ZL200710055212.X
进入中国国家阶段的PCT发明	94190008.8 96180555.2 98805245.8 200780000001.4	CN1101484A CN1242105A CN1258422A CN101213848A	CN1044447C CN1143371C CN100440991C	ZL94190008.8 ZL96180555.2 ZL98805245.8
实用新型	93200001.0 200620075737.0		CN2144896Y CN200938735Y	ZL93200001.0 ZL200620075737.0
进入中国国家阶段的PCT实用新型	94290001.4 98900001.X 200790000002.4		CN2402101Y CN2437102Y CN201201653Y	ZL94290001.4 ZL98900001.X ZL200790000002.4
外观设计	93300001.0 200630128826.1		CN3021827D CN300683009D	ZL93300001.4 ZL200630128826.1

(4) 2010 年 4 月以后编号系统

种类	申请号	公布号	授权公告号	专利号
发明	200710195983.9	CN101207268A	CN101207268B	ZL200710195983.9
进入中国国家阶段的PCT发明	200680012968.X	CN101164163A	CN101164163B	ZL200680012968.X
实用新型	200920059558.1		CN201435998U	ZL200920059558.1
进入中国国家阶段的PCT实用新型	200790000064.5		CN201436162U	ZL200790000064.5
外观设计	200930140521.7		CN301168542S	ZL200930140521.7

（二）中国专利公报

中国专利公报分为发明专利公报、实用新型专利公报、外观设计专利公报三种。三种均为周刊。

1. 发明专利公报

发明专利公报包括发明专利申请公布、国际专利申请公布、发明专利权授予、宣告专利权部分无效审查结论公告、发明保密专利、发明专利事务、申请公布索引、授权公告索引等内容。

其中，发明专利申请公布与国际专利申请公布以文摘形式报道。

2. 实用新型专利公报

实用新型专利公报包括实用新型专利权授予、宣告专利权部分无效审查结论公告、实用新型专利事务、授权公告索引等内容。实用新型授予以文摘形式报道。

3. 外观设计专利公报

外观设计专利公报包括外观设计专利权授予、宣告专利权部分无效审查结论公告、外观设计专利事务、授权公告索引等项目。外观设计专利权授予以全文形式报道。

三、专利分类

（一）专利分类概述

1. 发明和实用新型分类

大多数工业产权局采用国际专利分类，而美国、日本、欧洲等局同时在其文献中标有其各自的专利分类号。

2. 外观设计分类

大多数工业产权局采用工业品外观设计国际分类（也称洛迦诺分类），一些工业产权局则采用自己的外观设计分类体系，同时标注工业品外观设计国际分类，如日本、美国等局。

（二）IPC 分类号组成

IPC 分类将与发明创造有关的全部技术领域概括成 8 个部、129 个大类、739 个小类、约 70 000 个组。

1. 编排

（1）8 个部

《国际专利分类表》8 个部所涉及的技术范围是：

——A 部：人类生活必需

——B 部：作业；运输

——C 部：化学；冶金

——D 部：纺织；造纸

——E 部：固定建筑物

——F 部：机械工程；照明；加热；爆破

——G 部：物理

——H 部：电学

（2）大类

每个部都被细分成若干大类，每个大类的类名表明该大类包括的内容。

例如：A44 服饰缝纫用品；珠宝。

（3）小类

每个大类都包括一个以上小类，每个小类类号是由大类类号加上一个大写字母组成。例如：A21B 食品烤炉；焙烤用机械或设备。

小类的类名尽可能确切地表明该小类的内容。

（4）组

每一个小类被细分成若干组，包括大组和小组；

大组类名在其小类范围以内确切限定了某一技术主题领域。

小组类名在其大组范围之内确切限定了某一技术主题领域，该类名前加一个或几个圆点指明该小组的等级位置。

例如：H01S3/00 激光器

H01S3/14 • 按所用激活介质的材料区分的；

H01S3/14 的类名读作：按所用激活介质的材料区分的激光器。

2. 完整的分类号

国际专利分类完整的分类号：一个完整的分类号由代表部、大类、小类、大组或小组的符号构成。例如：A01B1/02。

3. 分类表等级结构

——部 A

——大类 A01

——小类 A01B

——大组 A01B1/00

——小组 A01B1/02

小组间的等级结构是由圆点数来确定的，分为一点组、两点组、三点组等。

例如，下面是从 A 部选取的分类表片段：

A01 农业；林业；畜牧业；狩猎；诱捕；捕鱼

A01B 农业或林业的整地；一般农业机械或农具的部件、零件或附件（用于播种、种植）

1/00 手动工具（草坪地修整机入 A01G3/06）

1/02 • 锹；铲

1/04 • • 带齿的

A01B1/02 是一点组，表示用于整地的锹或铲，A01B1/04 是两点组，表示带齿的用于整地的锹或铲。

(三) 外观设计国际分类

《国际外观设计分类表》的等级结构为大类和小类，共有大类 31 类、小类 214 类。例如，下面是选取分类表片段：

01 类食品

01-01 烘制食品、饼干、面制点心、通心粉及其他谷类食品、糖果类、巧克力、冰冻食品

01-02 水果和蔬菜

其中 01 类表示大类，01-01 以及 01-02 表示小类。

参考文献

［1］刘春田. 知识产权法［M］. 北京：中国人民大学出版社，2000.

［2］汤宗舜. 专利法教程［M］. 北京：法律出版社，2003.

［3］林建成. 国防专利［M］. 北京：北京工业出版社，2005.

［4］费安玲. 知识产权法原理［M］. 北京：中国政法大学出版社，2007.

［5］高晓莹，等. 知识产权欺诈及其预防［M］. 北京：法律出版社，1997.

［6］吴东汉，胡开忠. 无形财产权制度研究［M］. 北京：法律出版社，2001.

［7］保密法比较研究课题组. 保密法比较研究［M］. 北京：金城出版社，2000.

［8］郑成思. 知识产权论［M］. 北京：法律出版社，2001.

［9］王峰. 国防科技成果管理［M］. 北京：国防工业出版社，2005.

［10］李顺德，闫文军. 知识产权与科技法律探索［M］. 北京：科学出版社，2013.

［11］李扬. 知识产权的合理性、危机及其未来模式［M］. 北京：法律出版社，2003.

［12］王峰. 国防科技成果管理［M］. 北京：国防工业出版社，2005.

［13］陈云良. 中美国防专利制度之比较［J］. 电子知识产权，2006（6）.

［14］吴东汉. 民法法典化运动的知识产权法［J］. 中国法学，2016（4）.

［15］李泽红，陈云良. 国防专利管理［J］. 国防科技，2006（7）.

［16］卢海君. 知识产权体系论［J］. 知识产权，2006（4）.

［17］杜颖. 国防技术的知识产权保护研究［J］. 知识产权，2002（4）.

［18］成森，湛凯. 加强国防科技成果推广转化工作［J］. 国防科技工业，2003（3）.

［19］王林. 对国防知识产权归属制度的思考［J］. 国防，2007（1）.

［20］刘志平，罗长坤. 军队技术院校科技成果转化的主要障碍分析［J］. 科技成果纵横，2003（3）.

［21］冯媛. 军民融合创新的国防知识产权制度供给与设计［J］. 情报理论与实践，2016（8）.

［22］张春霞，宋志强，李红军. 军工企业国防知识产权管理问题研究［J］.

装备学院学报，2015（1）．
- [23] CORMISH W R. Intellectual property: patents, copyright, trade marks and allied rights [M]. Landon: Sweet and Maxwell, 1996.
- [24] MASKUS K E. Intellectual property right sin the global economy [M]. London: Routledge, 2000.
- [25] DRAHOS P A. philosophy of intellectual property [M], Washington: Dartmouth Publishing Company Limited, 1996.